30 DAY
KOREAN 7

30 DAY KOREAN
MP3 QR

30 Day Korean 7

초판 1쇄 발행 2025년 9월 1일

지은이	(주)그린한국어학원
펴낸이	박영호
기획팀	송인성, 김선명, 김선호
편집팀	박우진, 김영주, 김정아, 최미라, 전혜련, 박미나
관리팀	임선희, 정철호, 김성언, 권주련
펴낸곳	(주)도서출판 하우
주소	서울시 중랑구 망우로68길 48
전화	(02)922-7090
팩스	(02)922-7092
홈페이지	http://www.hawoo.co.kr
e-mail	hawoo@hawoo.co.kr
등록번호	제2016-000017호

값 30,000원
ISBN 979-11-6748-263-1 14710
ISBN 979-11-6748-102-3 (set)

* 이 책의 저자와 (주)도서출판 하우는 모든 자료의 출처 및 저작권을 확인하고 정상적인 절차를 밟아 사용하였습니다.
  일부 누락된 부분이 있을 경우에는 이후 확인 과정을 거쳐 반영하겠습니다.

* 이 책은 저작권법에 따라 보호받는 저작물이므로 무단 전제와 무단 복제를 금지하며,
  이 책 내용의 전부 또는 일부를 이용하려면 반드시 저작권자와 (주)도서출판 하우의 서면 동의를 받아야 합니다.

🎧 **MP3 다운로드** www.hawoo.co.kr 접속 후 '자료실'에서 다운로드

30 DAY KOREAN 7

(주)그린한국어학원 지음

Hawoo Publishing Inc.

머리말

　2008년 개원 이래 그린한국어학원은 한국어와 한국 문화를 배우고자 하는 다양한 국적과 연령의 외국인 학습자들을 대상으로 한국어 교육을 진행해 왔습니다. 오랜 시간 많은 학습자들로부터 사랑받아 온 그린한국어학원의 의사소통 능력 중심 교육과정은 한국어 학습이 단편적으로 지식을 습득하는 수준을 넘어 한국 사회 문화를 경험하는 통로가 되도록 구성되어 있습니다. 특히 문화체육관광부에서 제정한 한국어 표준 교육과정에 기반하여 기존의 교육과정을 보완한 결과, 신뢰할 수 있을 뿐 아니라 더욱 정교해진 자체 교육과정을 수립하게 되었습니다.

　그린한국어학원에서는 한국어 학습자들이 교육 환경에 제약받지 않고 국내외 어디서든 양질의 교육 서비스를 받을 수 있도록 자체 교육과정을 기반으로 한 교재 30 Day Korean을 개발하였으며 이를 기반으로 한 정규 오프라인 수업 및 온라인 수업을 운영하고 있습니다.

　30 Day Korean 7은 중급 수준의 한국어 학습자를 위해 제작되었으며 어휘, 문법, 말하기, 듣기, 읽기, 쓰기, 심화 표현 학습 순으로 구성되어 있습니다. 각 단원은 의사소통 능력 향상에 필수적인 주제를 중심으로 영역별 내용이 서로 긴밀하게 연계되어 있으며 이를 통해 학습자가 언어 지식을 실제 맥락 속에서 이해하고 연습하면서 언어 사용으로 전이되도록 설계되었습니다.

　30 Day Korean 7의 한 과는 약 5시간용으로 오프라인 수업이나 자가 학습의 경우 이틀에 한 과씩 학습할 수 있습니다. 본 교재를 활용한 온라인 수업에서는 애니메이션, 퀴즈, 동영상 강의 등 생동감 넘치고 흥미로운 학습 콘텐츠를 활용하여 일주일 동안 교재의 한 단원을 학습합니다. 특히 이 온라인 교육과정은 6일 동안 자가 학습하고, 7일 차에는 한국인 선생님과 라이브 클래스를 통해 앞서 공부한 내용을 바탕으로 의사소통 중심 수업에 참여하는 플립러닝(Flip Learning) 형태의 학습 방식으로 운영하고 있습니다. 학습자들은 이와 같은 오프라인, 온라인, 온오프라인 통합 교육과정을 통해 보다 효과적이고 연속성 있는 한국어 학습을 기대할 수 있습니다.

　본서가 한국어를 효율적으로 배우고, 한국을 깊이 이해하며 체험하기를 희망하는 전 세계 한국어 학습자들에게 유용하게 쓰이기를 바랍니다.

　마지막으로 본서의 집필을 위해 오랜 시간 애써주신 그린한국어학원 직원분들과 집필진 선생님들께 진심으로 감사드립니다. 특히 30 Day Korean 교재 집필 초기부터 함께하시며 귀중한 지식과 경험으로 큰 힘이 되어주신 권현정 선생님께 각별한 감사를 전합니다.

그린한국어학원
원장 **김인자**

일러두기

30 Day Korean 7은 총 10개의 단원으로 각 단원은 다음과 같이 구성되어 있습니다.

Part 1 – 언어 지식				Part 2 – 언어 기능				Part 3 – 심화 표현
어휘 학습	어휘 연습	문법 학습	문법 연습	말하기	듣기	읽기	쓰기	한국어 더하기

Part 1에서는 어휘와 문법을 중심으로 언어 지식을 습득하여 한국어의 정확성을 높이고, Part 2에서는 한국어의 표현 영역인 말하기, 쓰기 기능과 이해 영역인 듣기, 읽기 기능을 다양한 활동을 통해 실제적 맥락 속에서 의미를 파악하고 형태를 연습하면서 한국어의 유창성을 키울 수 있습니다. Part 3에서는 한국어 관용 표현, 속담 등 한국 문화를 알 수 있는 심화 표현을 배우고 이를 실제 한국 생활 속에서 마주칠 수 있는 대화문이나 문장들로 연습하며 한국어와 한국 문화를 깊게 이해할 수 있습니다.

30 Day Korean 7부터 어휘, 문법, 말하기, 듣기, 읽기, 쓰기, 한국어 더하기 각 영역에 의사소통 능력 향상에 집중한 말하기 활동+ 문제를 추가하여 학습한 한국어를 실제 맥락 속에서 바로 활용하여 발화할 수 있도록 구성했습니다.

학습 단원
단원의 주제와 연관된 그림으로 학습 내용을 추측할 수 있습니다.

도입 질문
단원의 주제를 아우르는 질문을 제시하여 단원 주제에 대해 생각해 볼 수 있도록 구성했습니다.

학습 내용
단원의 학습 목표와 영역별 내용을 한눈에 확인할 수 있습니다.

어휘 학습
주제 어휘를 관련 이미지와 함께 제시하여 의미를 쉽게 파악할 수 있도록 구성했습니다.

말하기 활동 +
주제와 관련된 질문에 답하면서 목표 어휘를 사용하여 말할 수 있습니다.

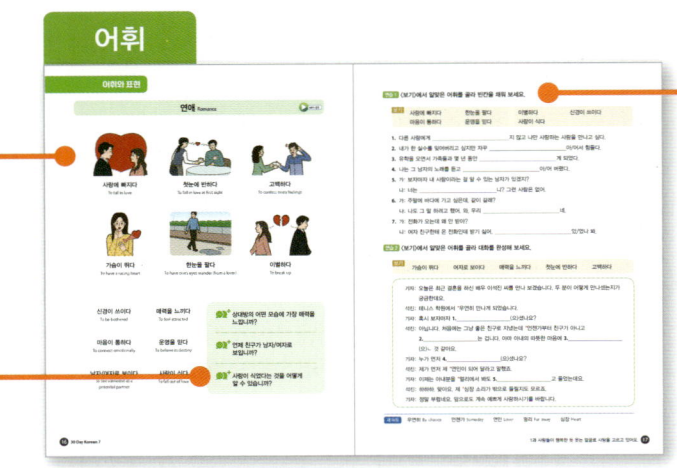

연습 1 & 연습 2
다양한 방식의 연습 문제를 통해 실제 상황 속에서 해당 어휘가 어떻게 활용되는지 확인할 수 있습니다.

문법 학습
목표 문법이 사용되는 실제 대화를 그림과 함께 제시했으며, 문법의 의미와 형태 변화를 예문을 통해 쉽게 파악하고 응용할 수 있도록 구성했습니다.

말하기 활동 +
목표 문법을 활용한 말하기 활동을 통해 해당 문법의 의미를 이해하고 형태를 익힐 수 있도록 구성했습니다.

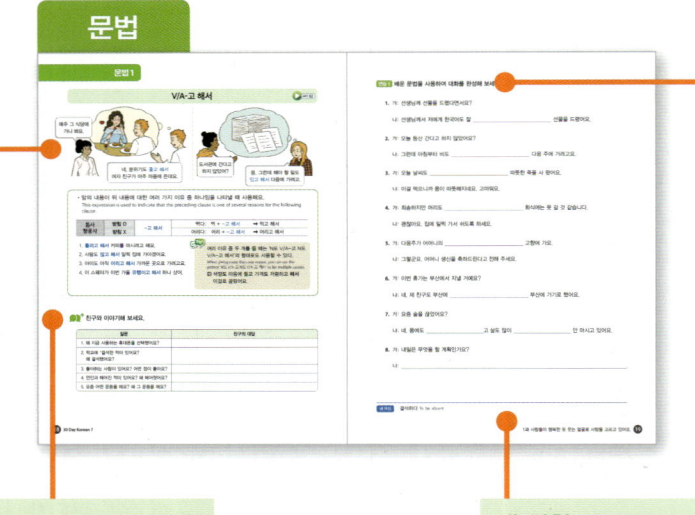

연습
학습한 문법의 기능을 실제적인 맥락 속에서 확인할 수 있도록 연습 문제를 구성했습니다.

새 어휘
새롭게 제시된 어휘나 표현을 쉽게 확인할 수 있도록 별도로 제시했습니다.

말하기

말하기
단원의 주제, 목표 어휘, 목표 문법으로 실제적인 맥락 속에서 말하기를 연습할 수 있도록 대화문을 구성했습니다.

연습 1
대화문의 내용을 충분히 이해했는지 확인할 수 있습니다.

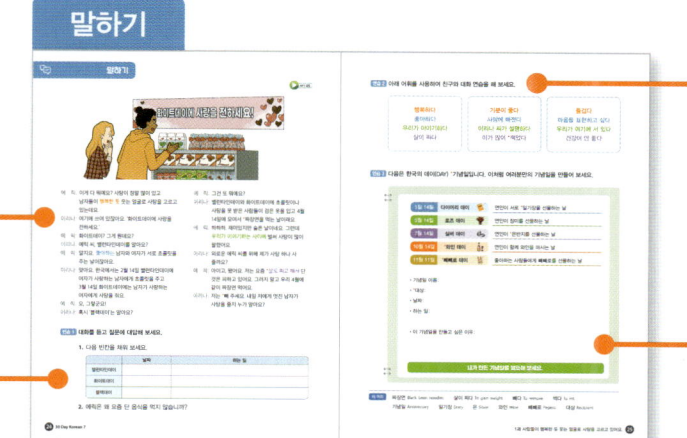

연습 2
여러 가지 상황 맥락을 활용하여 주요 문장 구조를 익힐 수 있습니다.

연습 3
단원의 주제에 맞춰 보다 자유로운 말하기 연습을 할 수 있도록 활동을 구성했습니다.

듣기

준비
듣기 전 주제와 관련된 질문과 그림으로 배경지식을 활성화하고 들을 내용을 예측할 수 있도록 구성했습니다.

연습 1
들은 내용을 충분히 이해했는지 확인할 수 있습니다.

연습 2
다시 한번 더 들은 후 내용과 관련된 질문에 답할 수 있습니다.

연습 3
주요 문장이 포함된 부분을 듣고 연습할 수 있습니다.

말하기 활동 +
듣기 중 파악한 내용에서 확장된 질문에 답하면서 들은 후 말하기 연습을 할 수 있도록 구성했습니다.

읽기

학습 목표와 주제가 반영된 설명문, 칼럼, 기사, 감상문 등의 다양한 종류의 글을 그림과 함께 제시했습니다.

연습

읽기 텍스트를 충분히 이해했는지 확인할 수 있습니다.

말하기 활동 +

읽은 후 단계로 읽기의 주제 및 기능과 연계된 질문을 제시하여 읽기 텍스트와 관련된 생각을 이야기해 볼 수 있도록 구성했습니다.

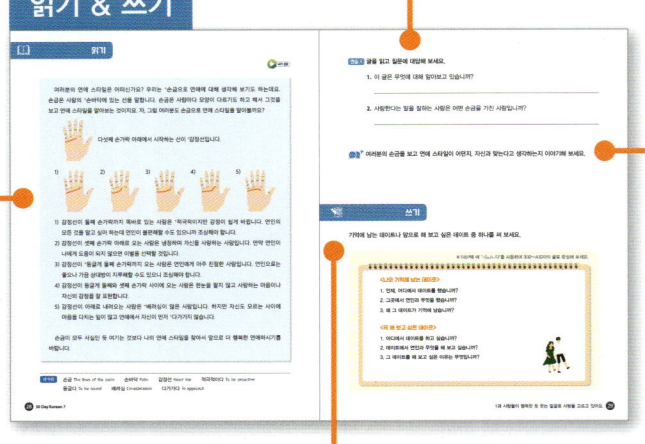

쓰기

과정 중심 글쓰기 활동으로 쓰기 전 단계에 주어진 표 안에 자신이 쓸 내용의 개요를 간단히 적을 수 있도록 구성했습니다. 이 과정을 바탕으로 원고지 위에 정확하게 글을 쓸 수 있도록 각 단원별 원고지 쓰기 연습 페이지를 따로 구성했습니다.

한국어 더하기

그림을 통해 제시된 표현의 의미와 실제 맥락 속에서 어떻게 쓰이는지 유추할 수 있습니다.

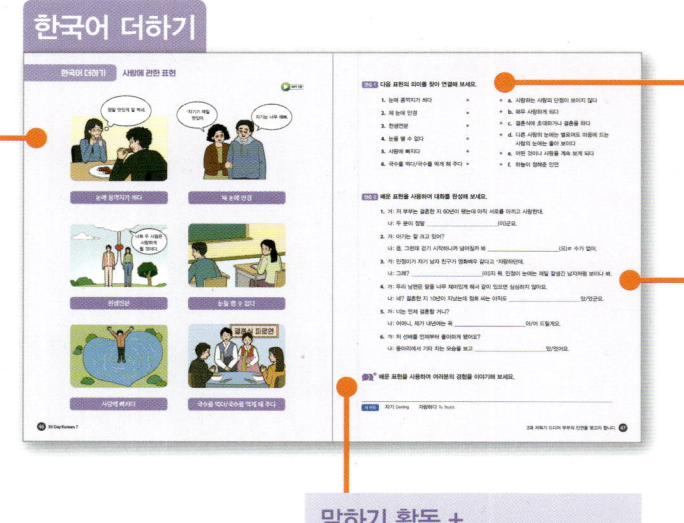

연습 1

그림을 보고 유추한 표현의 의미를 정확히 확인할 수 있도록 구성했습니다.

연습 2

학습한 표현의 의미를 실제적인 맥락 속에서 확인할 수 있도록 연습 문제를 구성했습니다.

말하기 활동 +

배운 표현들을 활용하여 실제 상황에서 어떻게 쓰이는지 말하기 연습을 할 수 있습니다.

차례

머리말 ... 4
일러두기 ... 5
내용 구성표 ... 10
등장인물 ... 12

1과 사람들이 행복한 듯 웃는 얼굴로 사탕을 고르고 있어요. ... 14

2과 저희가 드디어 부부의 인연을 맺고자 합니다. ... 30

3과 저에게 반려 식물이란 항상 저를 바라봐 주는 친구예요. ... 48

4과 힘들더라도 스트레칭은 바른 자세로 해야 돼요. ... 64

5과 저는 우리나라를 사랑하므로 대통령이 되겠습니다. ... 82

6과 내일은 5월 15일 스승의 날이잖아. ... 98

7과 아버지의 누나가 한국에 놀러 오셨다고요? ... 116

8과 자원을 낭비하는 한 환경 오염은 더 심각해지겠군요. ... 132

9과 지난주에도 밤새울 정도로 열심히 공부했어. ... 150

10과 나는 동생이 한국어를 많이 배운 줄 알았지. ... 166

원고지 사용법 ... 184
쓰기 활동을 위한 원고지 ... 185
듣기 지문 ... 195
모범 답안 ... 200
어휘와 표현 ... 212

내용 구성표

	단원	어휘	문법	말하기
1과	사람들이 행복한 듯 웃는 얼굴로 사탕을 고르고 있어요.	연애	V/A-고 해서 V/A-는/(으)ㄴ 듯 V-는 사이에	밸런타인데이에는 여자가 사랑하는 남자에게 초콜릿을 줘요.
2과	저희가 드디어 부부의 인연을 맺고자 합니다.	결혼	V-고자 N1(이)며 N2(이)며 N(으)로 인해(서)	웨딩촬영이며 결혼 반지 구입이며 해야 할 게 많아요.
3과	저에게 반려 식물이란 항상 저를 바라봐 주는 친구예요.	동식물	N(이)란 N(으)로서 V/A-(으)며	여러분은 반려 식물이라는 말을 들어본 적이 있으신가요?
4과	힘들더라도 스트레칭은 바른 자세로 해야 돼요.	건강	V/A-(으)ㄹ걸요 V/A-(으)ㄹ수록 V/A-더라도	스트레칭을 계속 하다 보면 아마 마음이 편안해질 걸요.
5과	저는 우리 나라를 사랑하므로 대통령이 되겠습니다.	직업	V/A-더니 V/A-거니와 V/A-(으)므로	요즘 아이들에게 제일 인기 있는 직업은 연예인이나 스포츠 선수래.
6과	내일은 5월 15일 스승의 날이잖아.	한국의 기념일	V/A-기는 커녕 V-(으)려야 V-(으)ㄹ 수가 없다 V-는 통에	선생님께 생강차하고 예쁜 컵을 하나 사 드리는 건 어때?
7과	아버지의 누나가 한국에 놀러 오셨다고요?	호칭	V/A-아/어서인지 V/A-(느)ㄴ/다고(요) V-고 보니	가족 간의 한국어 호칭을 하나씩 알아가는 재미가 있네요.
8과	자원을 낭비하는 한 환경 오염은 더 심각해지겠군요.	환경 문제	V-자 V-는 한 V/A-는/(으)ㄴ 만큼	무엇보다 환경이 중요한 만큼 꼭 필요한 옷만 사고 오래 입어야 해요.
9과	지난주에도 밤새울 정도로 열심히 공부했어.	생활 습관	V-는 둥 마는 둥 하다 V-는 대로[②시간] V/A-(으)ㄹ 정도로	좋은 공부 습관도 기르고 시간도 잘 활용할 수 있게 계획을 세워 볼게.
10과	나는 동생이 한국어를 많이 배운 줄 알았지.	실수와 오해	V-다시피 V/A-는/(으)ㄴ 줄 알다/모르다 V-아/어 대다	동생한테 뭐라고 했는데 미안하다고 사과하고 화해해야겠어.

듣기	읽기	쓰기	한국어 더하기
기억에 남는 첫 데이트를 준비해 주고 싶어.	손금으로 연애 스타일을 알아볼까요?	기억에 남는 특별한 데이트나 앞으로 해 보고 싶은 데이트가 뭐예요?	
가장 중요한 배우자의 조건으로 절반 이상이 성격을 골랐대.	오늘날에 남아 있는 한국의 전통적인 결혼 문화를 소개하고자 한다.	여러분이 생각하는 배우자의 조건 세가지를 이야기해 보세요.	사랑에 관한 표현
펫티켓은 사람이 반려동물과 행복하게 살기 위한 기본 예절입니다.	한국을 대표하는 동식물에 대해 소개하고자 한다.	반려 동식물을 키울 때 주의해야 하는 것을 써 보세요.	
우울증을 예방하려면 충분하게 자고 건강에 좋은 음식을 먹는 것이 중요해.	익힌 토마토 주스를 만드는 방법을 소개합니다.	여러분이 가지고 있는 건강에 좋은 습관과 나쁜 습관을 써 보세요.	의성어/의태어 ③
아주 중요한 일이라서 잘 끝내고 싶은데 좀 지치네요.	직업을 선택할 때의 기준은 연봉, 적성, 근무 환경 등 매우 다양하다.	여러분이 직업을 선택하는 기준을 써 보세요.	
세종대왕은 백성들을 안타깝게 여겨 한글을 만들고 널리 사용하게 했다.	한국에서는 10월 3일 개천절을 국경일로 지정했다.	여러분 나라에서 가장 중요한 기념일에 대해 써 보세요.	유의어
한국의 직장에서의 호칭은 어렵지 않아.	한국어의 재미있는 호칭	한국어 호칭 때문에 당황하거나 실수를 한 경험을 이야기해 보세요.	
지구온난화와 이상 기후는 우리가 해결해야 할 가장 급한 과제입니다.	환경 보호! 시민, 정부, 사회가 함께 해 나가야 합니다.	환경 보호를 위해 실천하고 있는 일을 소개해 보세요.	반의어
잘 자기 위한 올바른 수면 습관에 대해 말씀드리겠습니다.	우리 몸이 즐거운 식습관을 길러 보자.	평소에 고치고 싶은 버릇이나 습관에 대해 써 보세요.	
문화 차이로 생긴 오해니까 교수님도 아시면 오해를 푸실 거야.	콜럼버스의 아메리카 대륙 발견은 착각이 변화를 가져온 예 중 하나이다.	다른 사람에게 오해를 받았던 경험에 대해 써 보세요.	다의어

등장인물

1과

사람들이 행복한 듯 웃는 얼굴로 사탕을 고르고 있어요.

 여러분은 어떻게 연애를 시작하게 되었습니까?

어휘와 표현	연애
문법	V/A-고 해서
	V/A-는/(으)ㄴ 듯
	V-는 사이에
말하기	밸런타인데이에는 여자가 사랑하는 남자에게 초콜릿을 줘요.
듣기	기억에 남는 첫 데이트를 준비해 주고 싶어.
읽기	손금으로 연애 스타일을 알아볼까요?
쓰기	기억에 남는 특별한 데이트나 앞으로 해 보고 싶은 데이트가 뭐예요?

어휘와 표현

연애 Romance

사랑에 빠지다
To fall in love

첫눈에 반하다
To fall in love at first sight

고백하다
To confess one's feelings

가슴이 뛰다
To have a racing heart

한눈을 팔다
To have one's eyes wander (from a lover)

이별하다
To break up

신경이 쓰이다
To be bothered

매력을 느끼다
To feel attracted

마음이 통하다
To connect emotionally

운명을 믿다
To believe in destiny

남자/여자로 보이다
To see someone as a potential partner

사랑이 식다
To fall out of love

- 상대방의 어떤 모습에 가장 매력을 느낍니까?
- 언제 친구가 남자/여자로 보입니까?
- 사랑이 식었다는 것을 어떻게 알 수 있습니까?

연습 1 〈보기〉에서 알맞은 어휘를 골라 빈칸을 채워 보세요.

보기	사랑에 빠지다	한눈을 팔다	이별하다	신경이 쓰이다
	마음이 통하다	운명을 믿다	사랑이 식다	

1. 다른 사람에게 _____지 않고 나만 사랑하는 사람을 만나고 싶다.
2. 내가 한 실수를 잊어버리고 싶지만 자꾸 _____아/어서 힘들다.
3. 유학을 오면서 가족들과 몇 년 동안 _____게 되었다.
4. 나는 그 남자의 노래를 듣고 _____아/어 버렸다.
5. 가: 보자마자 내 사람이라는 걸 알 수 있는 남자가 있겠지?
   나: 너는 _____니? 그런 사람은 없어.
6. 가: 주말에 바다에 가고 싶은데, 같이 갈래?
   나: 나도 그 말 하려고 했어. 와, 우리 _____네.
7. 가: 전화가 오는데 왜 안 받아?
   나: 여자 친구한테 온 전화인데 받기 싫어, _____았/었나 봐.

연습 2 〈보기〉에서 알맞은 어휘를 골라 대화를 완성해 보세요.

보기	가슴이 뛰다	여자로 보이다	매력을 느끼다	첫눈에 반하다	고백하다

기자: 오늘은 최근 결혼을 하신 배우 이석진 씨를 만나 보겠습니다. 두 분이 어떻게 만나셨는지가 궁금한데요.

석진: 테니스 학원에서 *우연히 만나게 되었습니다.

기자: 혹시 보자마자 1._____(으)셨나요?

석진: 아닙니다. 처음에는 그냥 좋은 친구로 지냈는데 *언젠가부터 친구가 아니고 2._____는 겁니다. 아마 아내의 따뜻한 마음에 3._____(으)ㄴ 것 같아요.

기자: 누가 먼저 4._____(으)셨나요?

석진: 제가 먼저 제 *연인이 되어 달라고 말했죠.

기자: 이제는 아내분을 *멀리에서 봐도 5._____고 들었는데요.

석진: 하하하. 맞아요. 제 *심장 소리가 밖으로 들릴지도 모르죠.

기자: 정말 부럽네요. 앞으로도 계속 예쁘게 사랑하시기를 바랍니다.

새 어휘 우연히 By chance 언젠가 Someday 연인 Lover 멀리 Far away 심장 Heart

문법 1

V/A-고 해서

- 앞의 내용이 뒤 내용에 대한 여러 가지 이유 중 하나임을 나타낼 때 사용해요.
  This expression is used to indicate that the preceding clause is one of several reasons for the following clause.

| 동사 | 받침 O | -고 해서 | 먹다: 먹 + -고 해서 → 먹고 해서 |
| 형용사 | 받침 X | | 어리다: 어리 + -고 해서 → 어리고 해서 |

1. **졸리고 해서** 커피를 마시려고 해요.
2. 사람도 **많고 해서** 일찍 집에 가야겠어요.
3. 아이도 아직 **어리고 해서** 가까운 곳으로 가려고요.
4. 이 스웨터가 이번 가을 **유행이고 해서** 하나 샀어.

 여러 이유 중 두 개를 들 때는 'N도 V/A-고 N도 V/A-고 해서'의 형태로도 사용할 수 있다.
When giving more than one reason, you can use the pattern 'N도 V/A-고 N도 V/A-고 해서' to list multiple causes.
예 색깔**도** 마음에 들**고** 가격**도** 저렴하**고 해서** 이걸로 골랐어요.

친구와 이야기해 보세요.

질문	친구의 대답
1. 왜 지금 사용하는 휴대폰을 선택했어요?	
2. 학교에 *결석한 적이 있어요? 왜 결석했어요?	
3. 좋아하는 사람이 있어요? 어떤 점이 좋아요?	
4. 연인과 헤어진 적이 있어요? 왜 헤어졌어요?	
5. 요즘 어떤 운동을 해요? 왜 그 운동을 해요?	

연습 1 배운 문법을 사용하여 대화를 완성해 보세요.

1. 가: 선생님께 선물을 드렸다면서요?

   나: 선생님께서 저에게 한국어도 잘 _____ 선물을 드렸어요.

2. 가: 오늘 등산 간다고 하지 않았어요?

   나: 그런데 아침부터 비도 _____ 다음 주에 가려고요.

3. 가: 오늘 날씨도 _____ 따뜻한 죽을 사 왔어요.

   나: 이걸 먹으니까 몸이 따뜻해지네요. 고마워요.

4. 가: 죄송하지만 머리도 _____ 회식에는 못 갈 것 같습니다.

   나: 괜찮아요. 집에 일찍 가서 쉬도록 하세요.

5. 가: 다음주가 어머니의 _____ 고향에 가요.

   나: 그렇군요. 어머니 생신을 축하드린다고 전해 주세요.

6. 가: 이번 휴가는 부산에서 지낼 거예요?

   나: 네, 제 친구도 부산에 _____ 부산에 가기로 했어요.

7. 가: 요즘 술을 끊었어요?

   나: 네, 몸에도 _____ 고 살도 많이 _____ 안 마시고 있어요.

8. 가: 내일은 무엇을 할 계획인가요?

   나: _____.

새 어휘 결석하다 To be absent

문법 2

V/A-는/(으)ㄴ 듯

우리 아기. 너무 귀엽지요?

아기가 당신 말을 **알아듣는 듯** 웃네요.

어제 집들이 잘했어요?

네, 모두 **즐거운 듯** 재미있게 놀고 갔어요.

- 뒤 내용의 행동이나 상태를 보고 앞 내용과 같거나 비슷하다고 추측할 때 사용해요.
  This is used to assume that something is the same or similar to what came before, based on the action or condition that follows.

동사	받침 O	-는 듯	걷다: 걷 + -는 듯 ➔ 걷는 듯
	받침 X		좋아하다: 좋아하 + -는 듯 ➔ 좋아하는 듯
형용사	받침 O	-은 듯	작다: 작 + -은 듯 ➔ 작은 듯
	받침 X	-ㄴ 듯	크다: 크 + -ㄴ 듯 ➔ 큰 듯

1. 제임스 씨는 급한 일이 **있는 듯** 서둘러 돌아갔다.
2. 포도를 **좋아하는 듯** 친구는 포도만 골라서 먹었다.
3. 우리집 고양이가 많이 **배고픈 듯** 새벽부터 큰 소리로 울었어요.
4. 머리가 **깨질 듯** 아파서 병원에 갔다.
5. 조금 전에 가게 문을 **연 듯** 아직 청소가 끝나지 않았어요.

Tip!

관용 표현
- *쥐 죽은 듯 조용하다: 아주 조용하다
- *날개 돋친 듯 잘 팔리다: 아주 잘 팔리다
- 죽은 듯 자다: 아주 깊게 자다

💬⁺ 그림에 맞는 어휘를 골라 이야기해 보세요.

A	부끄럽다	슬프다	넘어지다	모르다
B	얼굴이 빨개지다	걷다	*지나치다	나를 *쳐다보다

연습 1 〈보기〉에서 알맞은 어휘를 골라 대화를 완성해 보세요.

| 보기 | 참석하다 | 덥다 | 살다 | 입지 않다 | 알아듣다 | 아프다 | 내리다 |

1. 가: 오늘 입은 자켓이 참 예뻐요. 새로 샀어요?

   나: 네, 자켓이 따뜻하고 _____ 가벼워서 마음에 들어요.

2. 가: 저기 고양이 보여요? 귀여운 고양이야, 안녕?

   나: 고양이가 흐엉 씨 말을 _____ 이쪽으로 오고 있어요.

3. 가: 이리나 씨, 모임에 _____ 저한테도 꼭 오라고 하고는 왜 안 왔어요?

   나: 아, 미안해요. 가려고 했는데 급한 일이 생겨서 못 갔어요.

4. 가: 비가 _____ 하늘이 흐리네요.

   나: 우산을 안 가지고 왔는데 빨리 돌아갑시다.

5. 가: 무슨 일 있어요?

   나: 아이가 팔이 _____ 자꾸 팔을 만지고 있어서 신경 쓰여요.

6. 가: 에어컨을 켜려고요?

   나: 학생들이 _____ 땀을 흘려서요.

7. 가: 옆집에는 누가 살아요?

   나: 아무도 안 _____ 항상 조용해요.

새 어휘 쥐 Mouse   날개(가) 돋치다 To fly off the shelves   지나치다 To pass by   쳐다보다 To look at

문법 3

V-는 사이에

- 어떤 행동이나 상태가 일어나는 짧은 시간 동안에 뒤의 행동이나 상태가 이루어짐을 나타낼 때 사용해요.

  This expression indicates that the second action or state occurs within a short time during which the first action or state happens.

동사	받침 O	-는 사이에	갈아입다: 갈아입 + -는 사이에 → 갈아입는 사이에
	받침 X		준비하다: 준비하 + -는 사이에 → 준비하는 사이에

1. 친구가 옷을 **갈아입는 사이에** 제가 커피를 준비했어요.
2. 어머니가 저녁을 **준비하는 사이** 아이는 숙제를 했다.
3. 이메일 답변을 **기다리는 사이** 전화가 왔네요.
4. **자는 사이** 많은 눈이 내려서 쌓여 있었다.

Tip!

1.

-는 사이에	-는 동안에
• 앞의 일을 하는 중간의 어느 짧은 시간을 이용하여 뒤의 행동을 해요. This expression is used when the second action is performed briefly during the process of the first action. 예 내가 tv를 보는 사이 동생이 내 빵을 먹어 버렸다.	• 앞의 일을 하는 시간 내내 뒤의 행동이 계속 돼요. This expression means that the second action continues within the duration of the first action. 예 내가 tv를 보는 동안 동생은 숙제를 했다.

2. 관용 표현
   - 나도 모르는 사이에: 그 일이 언제 일어났는지 모를 때
   - 눈 깜짝할 사이에: 아주 짧은 사이에

친구와 이야기해 보세요.

질문	친구의 대답
1. 사람들은 언제 꿈을 꿔요?	
2. 도둑들은 보통 언제 집에 들어와요?	
3. 친구를 위한 깜짝 파티는 어떻게 준비해요?	
4. 부모님 *몰래 밖으로 나가거나 집으로 들어온 적이 있습니까?	

연습 1 배운 문법을 사용하여 대화를 완성해 보세요.

1. 가: 어머, 언제 음료수를 사 왔어요?

   나: 유리코 씨가 음식을 _____ 사 왔어요.

2. 가: 집에 모기가 있네요.

   나: 아까 잠깐 창문을 _____ 들어왔나 보네요.

3. 가: 엄마가 _____ 동생이 이걸 다 먹었어요.

   나: 뭐라고? 내가 샤워하느라 몰랐네. 다시 사 와야겠다.

4. 가: 민수 씨, 여기가 내릴 역이에요.

   나: 제가 잠깐 친구에게 문자를 _____ 약속 장소에 도착했군요.

5. 가: 선생님이 자리에 안 _____ 학생이 선생님을 찾아왔었는데요.

   나: 아, 그래요? 메모를 남겼나요?

6. 가: 설거지를 네가 한 거야?

   나: 응. 네가 영화를 _____ 내가 했어.

7. 가: 아까 전화했는데 안 받던데요. 바빴어요?

   나: 제가 _____ 전화했나 봐요. 오늘 회의가 늦게 끝났거든요.

8. 가: 아빠, 내일이면 제가 결혼을 하네요.

   나: 우리 딸, 내가 _____ 언제 이렇게 많이 큰 거니?

   아빠는 바빠서 우리 딸이 크는 것도 잘 몰랐어. 미안하다.

새 어휘 몰래 Secretly

말하기

에　릭: 이게 다 뭐예요? 사탕이 정말 많이 있고 남자들이 **행복한 듯** 웃는 얼굴로 사탕을 고르고 있는데요.
이리나: 여기에 쓰여 있잖아요. '화이트데이에 사랑을 전하세요.'
에　릭: 화이트데이? 그게 뭔데요?
이리나: 에릭 씨, 밸런타인데이를 알아요?
에　릭: 알지요. **좋아하는** 남자와 여자가 서로 초콜릿을 주는 날이잖아요.
이리나: 맞아요. 한국에서는 2월 14일 밸런타인데이에 여자가 사랑하는 남자에게 초콜릿을 주고 3월 14일 화이트데이에는 남자가 사랑하는 여자에게 사탕을 줘요.
에　릭: 오, 그렇군요!
이리나: 혹시 '블랙데이'는 알아요?

에　릭: 그건 또 뭐예요?
이리나: 밸런타인데이와 화이트데이에 초콜릿이나 사탕을 못 받은 사람들이 검은 옷을 입고 4월 14일에 모여서 *짜장면을 먹는 날이래요.
에　릭: 하하하. 재미있지만 슬픈 날이네요. 그런데 **우리가 이야기하는 사이에** 벌써 사탕이 많이 팔렸어요.
이리나: 외로운 에릭 씨를 위해 제가 사탕 하나 사 줄까요?
에　릭: 아이고, 됐어요. 저는 요즘 *살도 찌고 해서 단 것은 피하고 있어요. 그러지 말고 우리 4월에 같이 짜장면 먹어요.
이리나: 저는 *빼 주세요. 내일 저에게 멋진 남자가 사탕을 줄지 누가 알아요?

연습 1 대화를 듣고 질문에 대답해 보세요.

1. 다음 빈칸을 채워 보세요.

	날짜	하는 일
밸런타인데이		
화이트데이		
블랙데이		

2. 에릭은 왜 요즘 단 음식을 먹지 않습니까?

연습 2 아래 어휘를 사용하여 친구와 대화 연습을 해 보세요.

행복하다	기분이 좋다	즐겁다
좋아하다	사랑에 빠졌다	마음을 표현하고 싶다
우리가 이야기하다	이리나 씨가 설명하다	우리가 여기에 서 있다
살이 찌다	이가 많이 *썩었다	건강이 안 좋다

연습 3 다음은 한국의 데이(DAY) *기념일입니다. 이처럼 여러분만의 기념일을 만들어 보세요.

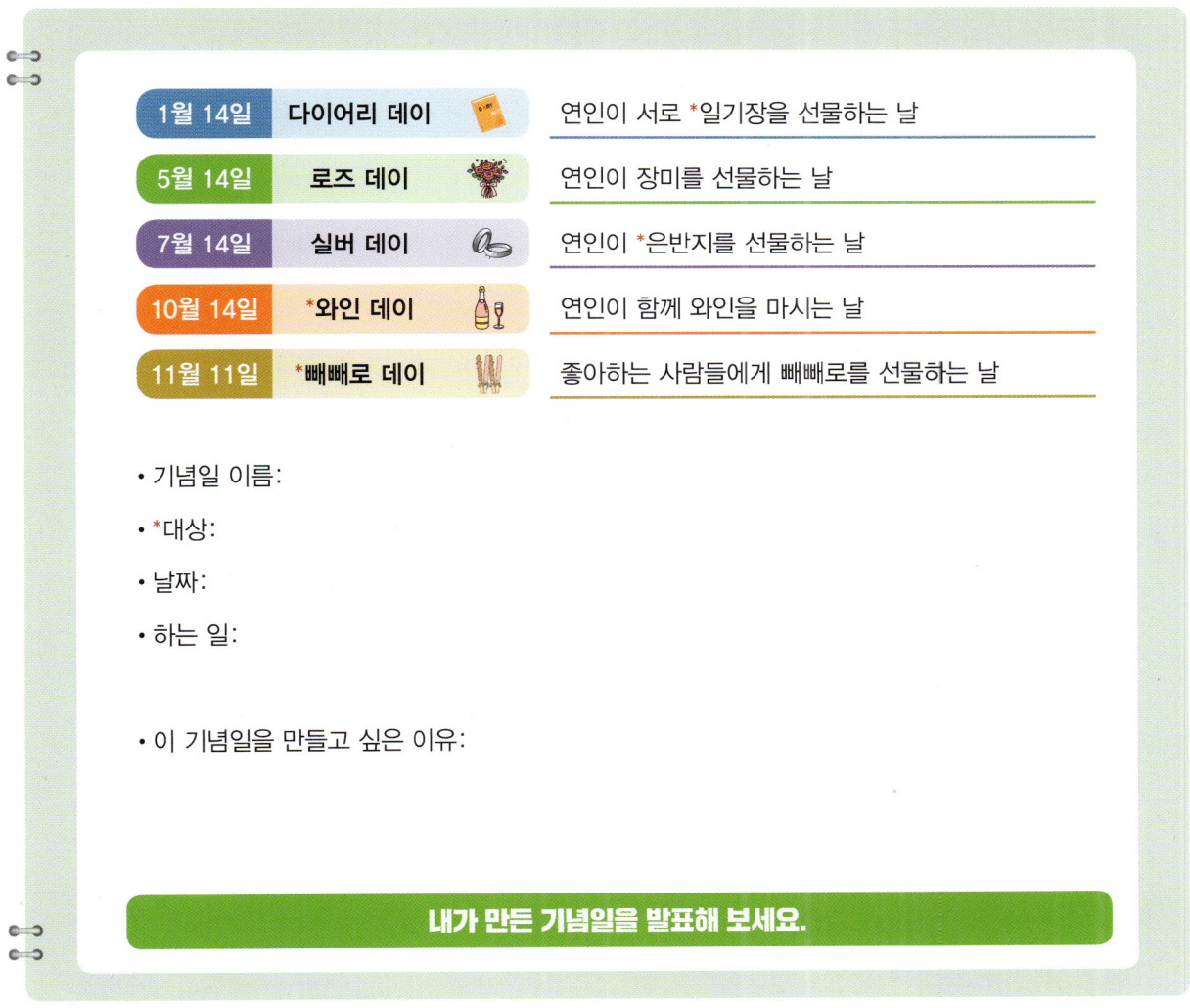

1월 14일	다이어리 데이	연인이 서로 *일기장을 선물하는 날
5월 14일	로즈 데이	연인이 장미를 선물하는 날
7월 14일	실버 데이	연인이 *은반지를 선물하는 날
10월 14일	*와인 데이	연인이 함께 와인을 마시는 날
11월 11일	*빼빼로 데이	좋아하는 사람들에게 빼빼로를 선물하는 날

- 기념일 이름:
- *대상:
- 날짜:
- 하는 일:

- 이 기념일을 만들고 싶은 이유:

내가 만든 기념일을 발표해 보세요.

새 어휘
짜장면 Black bean noodles　살이 찌다 To gain weight　빼다 To remove　썩다 To rot
기념일 Anniversary　일기장 Diary　은 Silver　와인 Wine　빼빼로 Pepero　대상 Recipient

듣기

준비 가장 기억에 남는 데이트는 무엇입니까?

연습 1 잘 듣고 맞으면 O, 틀리면 X 표시해 보세요.

1. 남자는 오늘 옷차림에 신경을 썼다. O X

2. 남자는 소개팅한 여자가 아주 마음에 들었다. O X

3. 남자는 소개팅한 여자에게 요리를 만들어 줄 것이다. O X

4. 여자는 남자의 매력이 무엇인지 알고 있다. O X

5. 남자는 소개팅한 여자에게 하고 싶은 데이트를 물어봤다. O X

연습 2 다시 한번 잘 듣고 질문에 맞는 답을 해 보세요.

1. 여자는 남자에게 무엇에 대해 조언하고 있습니까?
   _____

2. 여자는 남자에게 어떤 데이트를 추천했습니까?
   _____

3. 여자는 왜 첫 데이트에 비싼 선물을 하는 게 좋지 않다고 했습니까?
   _____

연습 3 잘 듣고 빈칸을 채워 보세요.

1. 이야기를 해 보니까 _____ …… 내 운명인가?

2. 같이 요리를 만들면서 _____ 쉽게 친해지더라고.

3. 너는 _____ 너의 매력을 느낄 수 있게 잘 대해 줘.

4. 그러면서 _____ 가까워지는 거지.

여러분이 여자라면 남자에게 어떤 데이트를 추천해 주고 싶습니까? 그 이유는 무엇입니까?

새 어휘   차려입다 To dress up   설마 No way   놀리다 To tease   오히려 Rather   어느 정도 To some extent

읽기

여러분의 연애 스타일은 어떠신가요? 우리는 *손금으로 연애에 대해 생각해 보기도 하는데요. 손금은 사람의 *손바닥에 있는 선을 말합니다. 손금은 사람마다 모양이 다르기도 하고 해서 그것을 보고 연애 스타일을 알아보는 것이지요. 자, 그럼 여러분도 손금으로 연애 스타일을 알아볼까요?

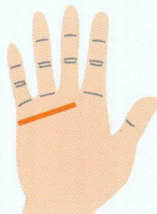

다섯째 손가락 아래에서 시작하는 선이 *감정선입니다.

1) 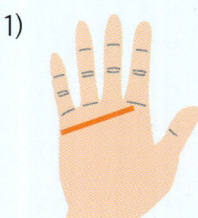 2) 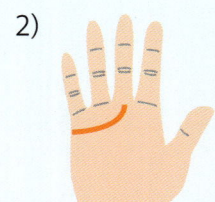 3) 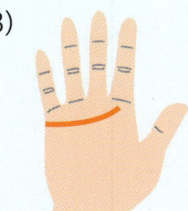 4) 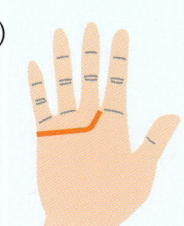 5)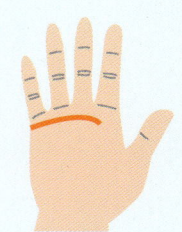

1) 감정선이 둘째 손가락까지 똑바로 있는 사람은 *적극적이지만 감정이 쉽게 바뀝니다. 연인의 모든 것을 알고 싶어 하는데 연인이 불편해할 수도 있으니까 조심해야 합니다.
2) 감정선이 셋째 손가락 아래로 오는 사람은 냉정하며 자신을 사랑하는 사람입니다. 만약 연인이 나에게 도움이 되지 않으면 이별을 선택할 것입니다.
3) 감정선이 *둥글게 둘째 손가락까지 오는 사람은 연인에게 아주 친절한 사람입니다. 연인으로는 좋으나 가끔 상대방이 지루해할 수도 있으니 조심해야 합니다.
4) 감정선이 둥글게 둘째와 셋째 손가락 사이에 오는 사람은 한눈을 팔지 않고 사랑하는 마음이나 자신의 감정을 잘 표현합니다.
5) 감정선이 아래로 내려오는 사람은 *배려심이 많은 사람입니다. 하지만 자신도 모르는 사이에 마음을 다치는 일이 많고 연애에서 자신이 먼저 *다가가지 않습니다.

손금이 모두 사실인 듯 여기는 것보다 나의 연애 스타일을 찾아서 앞으로 더 행복한 연애하시기를 바랍니다.

새 어휘 손금 The lines of the palm   손바닥 Palm   감정선 Heart line   적극적이다 To be proactive
둥글다 To be round   배려심 Consideration   다가가다 To approach

연습 1 글을 읽고 질문에 대답해 보세요.

1. 이 글은 무엇에 대해 알아보고 있습니까?

_____

2. 사랑한다는 말을 잘하는 사람은 어떤 손금을 가진 사람입니까?

_____

 여러분의 손금을 보고 연애 스타일이 어떤지, 자신과 맞는다고 생각하는지 이야기해 보세요.

쓰기

기억에 남는 데이트나 앞으로 해 보고 싶은 데이트 중 하나를 써 보세요.

※185P에 에 '-(느)ㄴ다'를 사용하여 300~400자의 글로 완성해 보세요.

<나의 기억에 남는 데이트>

1. 언제, 어디에서 데이트를 했습니까?
2. 그곳에서 연인과 무엇을 했습니까?
3. 왜 그 데이트가 기억에 남습니까?

<꼭 해 보고 싶은 데이트>

1. 어디에서 데이트를 하고 싶습니까?
2. 데이트에서 연인과 무엇을 해 보고 싶습니까?
3. 그 데이트를 해 보고 싶은 이유는 무엇입니까?

2과 저희가 드디어 부부의 인연을 맺고자 합니다.

	사람들은 왜 결혼을 한다고 생각합니까?

어휘와 표현	결혼
문법	V-고자
	N1(이)며 N2(이)며
	N(으)로 인해(서)
말하기	웨딩촬영이며 결혼 반지 구입이며 해야 할 게 많아요.
듣기	가장 중요한 배우자의 조건으로 절반 이상이 성격을 골랐대.
읽기	오늘날에 남아 있는 한국의 전통적인 결혼 문화를 소개하고자 한다.
쓰기	여러분이 생각하는 배우자의 조건 세 가지를 이야기해 보세요.
한국어 더하기	사랑에 관한 표현

어휘와 표현

결혼 Marriage

청혼하다/프러포즈하다
To propose

상견례
Meeting of the bride and the groom families

식구
Family member

시아버지/시어머니
Father-in-law/Mother-in-law (wife's side)

사위/며느리
Son-in-law/Daughter-in-law

장인어른/장모님
Father-in-law/Mother-in-law (husband's side)

배우자 Spouse	**선을 보다** To go on a blind date for marriage
신혼 Newlywed couple	**인연을 맺다** To tie the knot
축의금 Congratulatory money	**결혼식을 올리다** To hold a wedding
책임지다 To take responsibility	**가정을 이루다** To build a family

💬⁺ 어떤 배우자를 만나고 싶어요?

💬⁺ 어디에서 결혼식을 올리고 싶어요?

💬⁺ 가정을 이루기 위해서는 어떤 책임을 져야 할까요?

연습 1 <보기>에서 알맞은 어휘를 골라 문장을 완성해 보세요.

| 보기 | 배우자 | 선을 보다 | 신혼 | 인연을 맺다 | 축의금 | 책임지다 | 식구 |

1. 한국에서는 결혼식이나 돌잔치 등에 가면 축하의 의미로 _____을/를 줍니다.
2. 중학교 친구의 소개로 만나 부부의 _____게 되었다.
3. 경찰은 시민들의 안전을 _____고 있습니다.
4. 결혼한 지 얼마 안 된 _____(이)라서 둘이서 시간을 보낼 때 가장 행복하다.
5. 결혼할 상대방을 찾기 위해 내일 _____기로 했다.
6. 좋은 _____을/를 만나서 예쁜 아기도 낳고 즐겁게 살고 싶어요.
7. 우리 _____은/는 부모님과, 저, 남동생 이렇게 모두 4명입니다.

연습 2 <보기>에서 알맞은 어휘를 골라 글을 완성해 보세요.

| 보기 | 사위 | 며느리 | 시아버지 | 시어머니 | 장인어른 |
| | 장모님 | 결혼식을 올리다 | 청혼하다 | 가정을 이루다 | 상견례 |

저와 남자친구는 다음 달에 1._____(으)려고 해요. 남자 친구가 결혼하자고
2._____고 저도 좋다고 했거든요. 우리는 다음 주에 서로의 부모님을 *모시고
3._____을/를 할 계획이에요. 미래의 제 4._____,
5._____이/가 되실 남편의 부모님을 뵈려니 긴장이 돼요. 남편도 아마 미래의
6._____, 7._____을/를 처음 뵙는 자리니 긴장이 될 거예요.
우리는 결혼해서 행복한 8._____고 부모님들께도 좋은 9._____,
10._____이/가 되기 위해 노력할 거예요.

새 어휘 모시다 To take care of (honorific)

문법 1

V-고자

- 어떤 행동의 목적이나 의도, 희망을 나타낼 때 사용해요.
  This is used to express the purpose, intent, or desire behind an action.

동사	받침 O	-고자	먹다: 먹 + -고자 ➡ 먹고자
	받침 X		도착하다: 도착하 + -고자 ➡ 도착하고자

1. 손님에게 맛있는 음식을 **드리고자** 항상 노력합니다.
2. 회의에 늦지 않게 **도착하고자** 아침에 일찍 일어났습니다.
3. 나라마다 다른 식사 문화에 대해서 **알아보고자** 합니다.
4. 회사에서 항상 성실하게 **지내고자** 노력합니다.

Tip!

1. 쓰기나 격식적인 상황에서 많이 사용해요.
   It is often used in writing or formal situations.
   예 안내 사항을 알려 드리고자 합니다.
2. 뒷문장에 청유, 명령, 당위의 표현을 쓸 수 없어요.
   It cannot be followed by imperative or suggestive expressions.
   예 한국어를 잘하고자 학원에 다닙시다. (X)
   한국어를 잘하고자 학원에 다니세요. (X)
   한국어를 잘하고자 학원에 다녀야 합니다. (X)
3. 'V-고자 하다'로 사용 가능해요.
   It can also be used in the form 'V-고자 하다'.
   예 오늘 회식을 하고자 합니다.

💬⁺ 다음 상황에 맞는 질문을 생각해 보고 친구와 이야기해 보세요.

보기
공원에 온 이유를 묻는 기자-시민
가: 오늘 왜 이 공원에 오신 겁니까?
나: 가족들과 함께 시간을 보내고자 이곳에 왔습니다.

1. 한국에 유학을 온 이유를 묻는 교수님-학생
2. 우리 회사에 지원한 이유를 묻는 면접관-지원자
3. 좋은 선생님이 되기 위해 어떻게 했는지 묻는 사람-선생님

연습 1 〈보기〉에서 알맞은 어휘를 골라 문장이나 대화를 완성해 보세요.

보기 돕다   줄이다   짓다   쓰다   찾다   쌓다   높이다

1. 가: 오후에는 무엇에 대한 회의를 합니까?

   나: 우리 회사의 *수출이 줄고 있어서 해결 방법을 _____ 합니다.

2. 가: 김영식 기자, 소식 전해 주세요.

   나: 네. 이름을 알 수 없는 한 시민이 어려운 사람들을 _____ 5천 만원을 *기부했다는 소식입니다.

3. 가: 한국어를 잘할 수 있는 방법은 무엇입니까?

   나: 글쎄요. 저는 한국어를 공부할 때 말하기와 듣기 실력을 _____ 시간이 날 때마다 한국어로 된 드라마를 봤습니다.

4. 가: 요즘 *색다른 경험을 _____ 외국에서 한 달 살기를 하는 사람들이 많다고 들었습니다.

   나: 네, 맞습니다. 한 달 살기를 하면서 그 나라의 문화를 다양하게 경험해 볼 수 있다고 합니다.

5. 가: *작가님, 좋은 작가가 되려면 어떻게 해야 됩니까?

   나: 좋은 글을 _____ 한다면 우선 많은 글을 읽어봐야 한다고 봅니다.

6. 오늘부터 *몸무게를 _____ 운동을 시작했다. 매일 열심히 해야겠다.

7. 안내 *방송 드립니다. 우리 아파트의 분리수거 시설이 낡아서 새로 _____ 합니다.

새 어휘   수출 Export   기부하다 To donate   색다르다 To be unique   작가 Author   몸무게 Body weight
방송 Broadcast

문법 2

N1(이)며 N2(이)며

- 한 부류로 묶을 수 있거나 서술어와 연관된 여러 사물들을 나열할 때 사용해요.
  This expression is used to list multiple items that belong to the same category or are related to the predicate.

명사	받침 O	+이며	자몽, 레몬: 자몽 + 이며 레몬 + 이며	→ 자몽이며 레몬이며
	받침 X	+며	청소, 빨래: 청소 + 며 빨래 + 며	→ 청소며 빨래며

1. 마트에 가서 **과일이며 달걀이며** 먹을 것을 좀 샀어요.
2. 제가 **비행기며 숙소며** 여행에 필요한 것을 알아볼게요.
3. **경주며 강릉이며** 유명한 관광지는 안 가 본 곳이 없어요.

〈보기〉와 같이 친구와 이야기해 보세요.

> **보기**
> 가: 결혼식을 올리기 전에 무엇을 사야 해요?
> 나: 침대며 식탁이며 신혼 생활에 필요한 가구를 사야 해요.

질문	대답
1. 여행을 갈 때 무엇을 가지고 가요?	
2. 고향에 돌아가면 누구를 만나고 싶어요?	
3. 결혼식을 올린다면 누구를 초대할 거예요?	
4. 한국에서 가 본 곳은 어디인가요?	

연습 1 그림을 보고 대화를 완성해 보세요.

1.
가: 저녁 먹으러 갈 건데 같이 갈래?
나: 나는 저녁 *생각이 없어. 아까 집에 오자마자 _____ 많이 먹었거든.

2.
가: 주말에 잘 쉬었어요?
나: 아니요, _____ 해야 할 집안일이 많아서 못 쉬었어요.

3.
가: 아이가 누구를 많이 닮았어요?
나: 아이 얼굴이 _____ *아내를 많이 닮은 것 같아요.

4.
가: 며칠 전에 가방을 잃어버렸다면서요? 찾았어요?
나: 아니요. 가방 안에 _____ 중요한 물건이 많은데 아직 못 찾았어요.

5.
가: 어제 오페라를 보러 갔었죠? 오페라가 어땠어요?
나: 배우들의 _____ 너무 훌륭했어요.

6.
가: 유리 씨는 어렸을 때 꿈이 뭐였어요?
나: 어렸을 때는 _____ 되고 싶은 게 진짜 많았어요.

7.
가: 저는 이 카페가 아주 마음에 들어요.
나: 저도요. 여기는 _____ 모두 정말 맛있어요.

새 어휘 N 생각이 없다 To not feel like N   아내 Wife

문법 3

N(으)로 인해(서)

오후 5시 도착 예정이었던 비행기가 좋지 않은 날씨로 인해서 늦어지고 있습니다.

기상예보

많은 분들이 *태풍으로 인해 큰 피해를 입었습니다.

- 앞 내용이 뒤 내용의 원인이나 이유를 나타낼 때 사용해요. 뉴스나 공식적인 발표, 격식을 갖춰야 하는 상황에서 사용해요.

  This is used to indicate the cause or reason for the following statement. This is used in news reports, formal announcements, or any situation that requires a formal tone.

명사	받침 O	+으로 인해(서)	태풍:	태풍 + 으로 인해(서)	→ 태풍으로 인해(서)
	받침 X	+로 인해(서)	날씨:	날씨 + 로 인해(서)	→ 날씨로 인해(서)

1. 제 **실수로 인해서** 비행기를 놓치고 말았습니다.
2. 건물이 **화재로 인해** 큰 피해를 입었다고 합니다.
3. **비행기로 인해** 다른 나라에 쉽게 갈 수 있게 됐다.
4. **태풍으로 인해서** 바람이 강하게 불고 많은 비가 오겠습니다.

> **Tip!**
> N1(으)로 인한 N2
> 예 요즘 친구가 다이어트로 인한 스트레스로 고생하고 있다.

 〈보기〉와 같이 친구와 이야기해 보세요.

보기
가: 최근에 어떤 뉴스를 봤습니까?
나: 어제 화재로 인해 3명이 다쳤다는 뉴스를 봤습니다.

질문	대답
1. 요즘 무엇 때문에 스트레스를 받습니까?	
2. 바다가 *오염되는 *원인은 무엇입니까?	
3. 무엇 때문에 교통사고가 많이 난다고 생각합니까?	
4. 우리의 생활이 무엇 때문에, 어떻게 편리해졌습니까?	

연습 1 〈보기〉에서 알맞은 어휘를 골라 문장이나 대화를 완성해 보세요.

| 보기 | 눈 | 시험 | *음주 운전 | 말 | 감기 | 상한 음식 | 담배 |

1. 가: 오늘 김영수 씨가 왜 출근하지 않았는지 아십니까?

   나: 어제 먹은 _____ 배탈이 났다고 합니다.

2. 가: 김 기자, 지금 서울은 출근할 때 길이 많이 막힌다면서요?

   나: 네, 갑자기 내린 많은 _____ 교통이 매우 복잡합니다.

3. 가: 요즘 _____ 병원을 찾는 환자가 늘었다고 들었습니다.

   나: 네. 이렇게 추운 날씨에는 감기에 걸리지 않도록 감기에 신경 쓰셔야겠습니다.

4. 가: 이번 화재의 원인은 무엇입니까?

   나: 지난밤, 누군가가 피우던 _____ 화재가 났다고 합니다.

5. _____ 스트레스 때문에 잠을 잘 못 자는 학생들이 늘고 있다고 합니다.

   공부도 중요하지만 건강도 중요하다는 거, 잊지 마세요.

6. 새벽 1시에 _____ 교통사고가 있었습니다. 술을 드신 후에는 대중교통을

   이용해 주시기 바랍니다.

7. 다른 사람이 생각 없이 한 _____ *마음에 상처를 입는 사람들이 많다.

   그러니까 말을 할 때는 한 번 더 생각해 보고 하는 것이 좋다.

새 어휘 태풍 Typhoon   오염되다 To be polluted   원인 Cause   음주 운전 Drunk driving
마음에 상처를 입다 To get hurt emotionally

말하기

타쿠야: 자, 이거 받으세요.

박수진: 이게 뭐예요? '저희가 드디어 **부부의 인연을 맺고자** 합니다.' 청첩장이잖아요. 타쿠야 씨가 결혼식을 올리는군요. 진심으로 축하해요. 정말 행복하시겠어요.

타쿠야: 행복하기도 하지만 제가 가정을 이루고 책임져야 한다고 생각하니 *어깨가 무겁기도 해요. 원래 작년에 결혼하려고 했는데 **회사 일로 인해** 좀 늦어졌어요.

박수진: 그랬군요. 그런데 결혼 준비는 잘 돼 가요?

타쿠야: 상견례도 했고 예식장 예약까지 다 마쳤어요.

박수진: 신혼 생활은 어디에서 하기로 했어요?

타쿠야: 아직 **집을 구하지 못해서** *당분간 지금 제가 살고 있는 집에서 같이 살려고요.

박수진: 그렇군요. 신혼여행은 어디로 가요?

타쿠야: 그건 아직 정하지 못했는데 여자친구가 프랑스로 가고 싶어 해요.

박수진: 그거 좋네요. 그럼 이제 준비는 거의 끝난 건가요?

타쿠야: 요즘은 시간이 날 때마다 친구들을 만나서 청첩장을 주고 있어요. 앞으로 *웨딩 촬영이며 결혼 반지 *구입이며 해야 할 게 많아서 *몸이 열 개라도 모자라요.

박수진: 하하하. 다들 결혼 전에는 그렇게 말하던데요. 그래도 인생에 한 번뿐인 결혼식이니까 나중에 후회하지 않도록 준비 잘하세요.

연습 1 대화를 듣고 질문에 대답해 보세요.

1. 타쿠야 씨는 오늘 박수진 씨를 왜 만났습니까?

2. 타쿠야 씨가 결혼을 위해 아직 하지 않은 것은 무엇입니까?
   ① 상견례   ② 청첩장 만들기   ③ 신혼여행 예약   ④ 예식장 예약

3. 타쿠야 씨는 결혼 후에 어디에서 신혼 생활을 하려고 합니까? 왜 그렇게 하기로 했습니까?

4. 타쿠야 씨와 박수진 씨는 무엇에 대해 이야기하고 있습니까?

연습 2 아래 어휘를 사용하여 친구와 대화 연습을 해 보세요.

부부의 인연을 맺다	한 가정을 이루다	부부가 되다
회사 일	부모님의 반대	집안 *사정
집을 구하지 못하다	모은 돈이 충분하지 않다	마음에 드는 집을 못 찾다
웨딩 촬영/결혼 반지 구입	호텔 예약/가구 구입	웨딩드레스 준비/미용실 예약

연습 3 여러분이 했거나 하고 싶은, 받았거나 받고 싶은 프러포즈에 대해 이야기해 보세요.

- 프러포즈 장소
- 프러포즈에 필요한 준비물
- 프러포즈할 때 하는 말
- 프러포즈할 때의 행동

새 어휘
어깨가 무겁다 To feel burdened   당분간 For the time being   웨딩 촬영 Wedding photoshoot
구입 Purchase   몸이 열 개라도 모자라다 Even if I had ten bodies, it wouldn't be enough/swamped
사정 Circumstance

듣기

준비 여러분이 중요하게 생각하는 배우자의 조건은 무엇입니까?

연습 1 잘 듣고 맞으면 O, 틀리면 X 표시해 보세요.

1. 여자는 배우자의 조건으로 *경제력이 제일 중요하다고 본다. O X

2. 많은 사람들이 배우자의 성격보다 직업을 중요하게 생각한다. O X

3. 남자는 지금 여자 친구와의 결혼을 고민하고 있다. O X

4. 사람들은 배우자의 조건으로 외모를 선택하지 않았다. O X

5. 여자는 결혼하기 전에 상대방의 조건도 봐야 한다고 생각한다. O X

연습 2 다시 한번 잘 듣고 질문에 맞는 답을 해 보세요.

1. 남자가 본 *설문조사의 결과입니다. 빈칸을 채워 보세요.

배우자의 조건		
1위		55%
2위		20%
3위		15%
4위		10%

2. 남자는 왜 *경제적인 조건도 중요하다는 여자의 말에 *동의했습니까?

_____

연습 3 잘 듣고 빈칸을 채워 보세요.

1. 어제 뉴스에서 *미혼 남녀들이 중요하게 생각하는 _____ 조사한 결과를 봤어.

2. _____ 부부들이 많은 것이 사실이니까 결혼할 때 이런 점들도 생각해 봐야 할 것 같아.

3. 배우자의 조건을 보는 것을 _____ 나는 상대방의 조건을 잘 살펴보고 결혼을 결정하는 것이 좋다고 봐.

4. 그런데 _____ 여자친구도 없는 나에게 무슨 의미가 있지?

💬+ 여러분은 사랑한다면 조건을 보지 않고 결혼할 수 있습니까?

새 어휘 경제력 Financial power   설문조사 Survey   경제적 To be economical / Financial   동의하다 To agree
미혼 Single   절반 Half   현실적 To be realistic   이혼 Divorce

2과 저희가 드디어 부부의 인연을 맺고자 합니다.

읽기

*오늘날 한국의 결혼식은 전통적인 결혼식과는 많이 달라졌다. 하지만 아직도 남아 있는 한국의 전통적인 결혼 문화가 있어서 소개하고자 한다.

신랑이 보내는 특별한 선물, 함

함은 결혼 전에 신랑의 집에서 신부의 집에 보내는 선물을 말하는데 결혼 1~2주 전 저녁 시간에 보낸다. 신랑의 친한 친구가 얼굴에 오징어를 쓰고 함을 메고 다른 친구들과 신부의 집에 가는데 신부의 집안에 들어가기 전까지는 이 함을 절대 내려놓지 않는다. 신부의 가족들은 밥이며 술이며 먹을 것과 함값을 주면서 신랑의 친구들을 들어오게 한다. 그러나 지금은 소음 문제로 인해 신랑이 직접 함을 가지고 신부의 집을 방문하는 경우가 많다.

신부가 전하는 첫 인사, 폐백

*현대적인 결혼식을 올린 후에 신랑과 신부는 한복으로 *갈아입고 신랑의 부모님께 인사를 드리는데 이것을 폐백이라고 한다. 요즘은 신부의 부모님께도 인사를 드리는 경우가 많다. 신랑 신부는 부모님들께 절을 하고 술을 드린다. 그러면 부모님들은 좋은 말을 해 주고 절값을 준다. 그 후 신랑과 신부가 술을 한 잔 마시고 *대추 하나를 나눠 먹는다.

한복의 색깔

결혼식 날, 신랑과 신부의 가족 중 결혼한 여자들이 한복을 입었는데 요즘은 보통 어머니들만 입는다. 이때 신랑의 어머니는 녹색이나 파란색의 한복을, 신부의 어머니는 *붉은색의 한복을 입는다.

새 어휘   오늘날 Nowadays   현대적인 Modern   갈아입다 To change clothes   대추 Jujube   붉은색 Red

연습 1 글을 읽고 질문에 대답해 보세요.

1. 신부의 가족들은 함을 받기 위해 친구들에게 어떻게 합니까?

2. 폐백을 드릴 때 신랑과 신부는 무엇을 입습니까?

3. 결혼식에서 신랑 어머니와 신부 어머니의 한복은 어떻게 다릅니까?

위에서 읽은 한국의 결혼 문화 중에 여러분 나라의 결혼 문화가 비슷한 것이 있으면 이야기해 보세요.

쓰기

여러분이 생각하는 배우자의 조건 세 가지와 그 이유를 써 보세요.

※186P에 에 '-(느)ㄴ다'를 사용하여 300~400자의 글로 완성해 보세요.

배우자의 조건 1

배우자의 조건 2

배우자의 조건 3

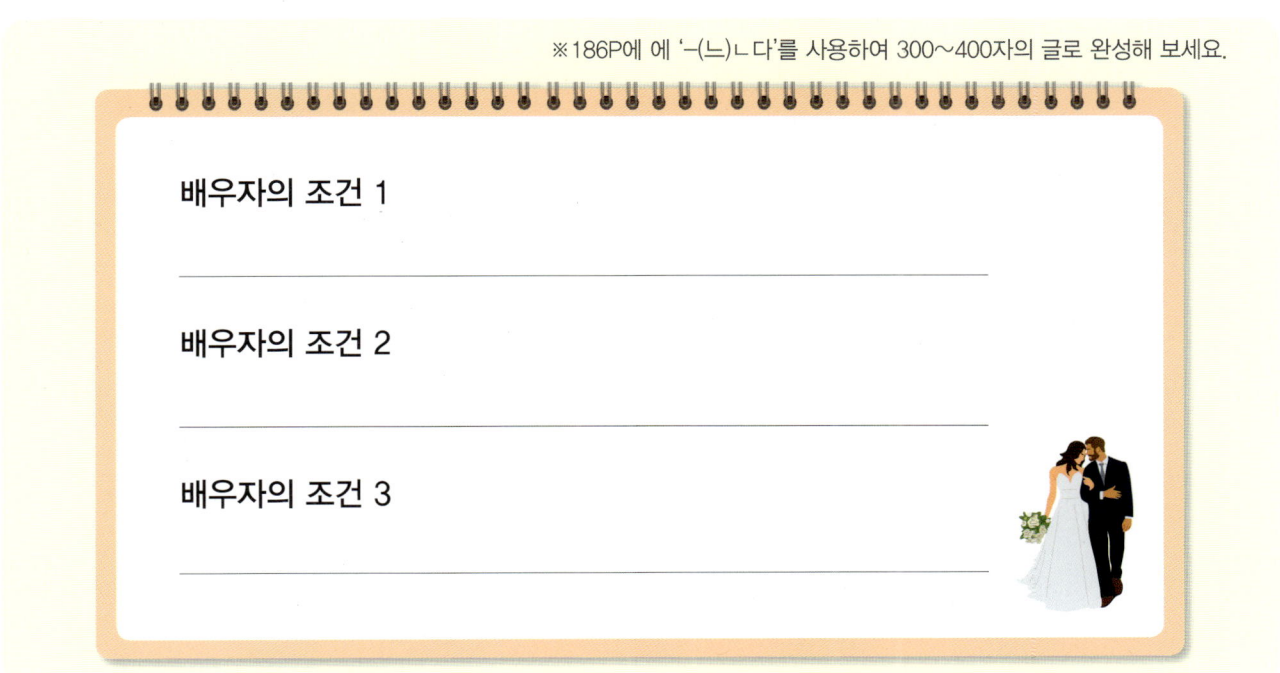

한국어 더하기 — 사랑에 관한 표현

눈에 콩깍지가 씌다 / 제 눈에 안경

천생연분

눈을 뗄 수 없다

사랑에 빠지다

국수를 먹다/국수를 먹게 해 주다

연습 1 다음 표현의 의미를 찾아 연결해 보세요.

1. 눈에 콩깍지가 씌다 •   • a. 사랑하는 사람의 단점이 보이지 않다
2. 제 눈에 안경 •   • b. 매우 사랑하게 되다
3. 천생연분 •   • c. 결혼식에 초대하거나 결혼을 하다
4. 눈을 뗄 수 없다 •   • d. 다른 사람의 눈에는 별로여도 마음에 드는 사람의 눈에는 좋아 보이다
5. 사랑에 빠지다 •   • e. 어떤 것이나 사람을 계속 보게 되다
6. 국수를 먹다/국수를 먹게 해 주다 •   • f. 하늘이 정해준 인연

연습 2 배운 표현을 사용하여 대화를 완성해 보세요.

1. 가: 저 부부는 결혼한 지 60년이 됐는데 아직 서로를 아끼고 사랑한대.
   나: 두 분이 정말 _____(이)군요.

2. 가: 아기는 잘 크고 있어?
   나: 응. 그런데 걷기 시작하니까 넘어질까 봐 _____(으)ㄹ 수가 없어.

3. 가: 민정이가 자기 남자 친구가 영화배우 같다고 *자랑하던데.
   나: 그래? _____(이)지 뭐. 민정이 눈에는 제일 잘생긴 남자처럼 보이나 봐.

4. 가: 우리 남편은 말을 너무 재미있게 해서 같이 있으면 심심하지 않아요.
   나: 네? 결혼한 지 10년이 지났는데 정희 씨는 아직도 _____았/었군요.

5. 가: 너는 언제 결혼할 거니?
   나: 어머니, 제가 내년에는 꼭 _____아/어 드릴게요.

6. 가: 저 선배를 언제부터 좋아하게 됐어요?
   나: 동아리에서 기타 치는 모습을 보고 _____았/었어요.

배운 표현을 사용하여 여러분의 경험을 이야기해 보세요.

새 어휘 자기 Darling   자랑하다 To boast

3과

저에게 반려 식물이란 항상 저를 바라봐 주는 친구예요.

 여러분은 동물이나 식물을 키워본 적이 있나요?

어휘와 표현	동식물
문법	N(이)란
	N(으)로서
	V/A-(으)며
말하기	여러분은 반려 식물이라는 말을 들어본 적이 있으신가요?
듣기	펫티켓은 사람이 반려동물과 행복하게 살기 위한 기본 예절입니다.
읽기	한국을 대표하는 동식물에 대해 소개하고자 한다.
쓰기	반려 동식물을 키울 때 주의해야 하는 것을 써 보세요.

어휘와 표현

동식물 Plants and animals

씨앗을 심다
To plant seeds

정원
Garden

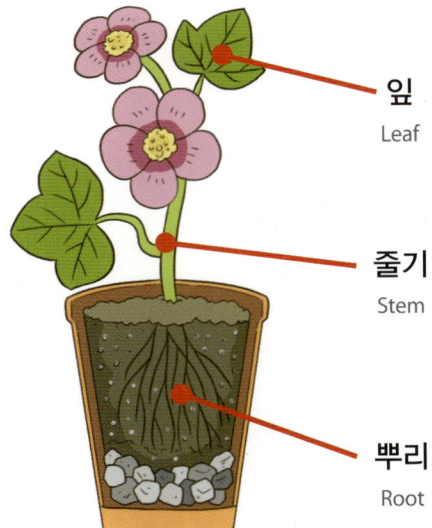
잎 Leaf
줄기 Stem
뿌리 Root

향기
Scent

특성
Characteristic

(개가) 짖다
To bark

> 개는 언제 짖습니까?

(뱀이) 기어가다
To slither

> 산에서 기어가는 뱀을 보면 어떻게 하겠습니까?

(고양이가) 울다
To meow

> 물고기 말고 헤엄치는 동물은 뭐가 있습니까?

(물고기가) 헤엄치다
To swim

연습 1 〈보기〉에서 알맞은 어휘를 골라 빈칸을 채워 보세요.

| 보기 | 뿌리 | 짖다 | 헤엄치다 | 울다 | 잎 | 줄기 | 기어가다 |

1. 꽃은 맨 아래에 1)_____이/가 있고 그 위에 2)_____이/가 있다. 그리고 줄기 옆으로 3)_____이/가 자란다.

2. 아침마다 배고파서 고양이가 _____ 모습이 귀여워요.

3. *옆집에서 강아지가 _____는 소리 때문에 잘 못 잤어요.

4. 가: 우리 저기까지 _____아/어서 가 볼까요?

   나: 저는 수영할 줄 몰라요.

5. 가: 뒷산에 운동 갔다가 뱀이 _____는 것을 봤어요.

   나: 정말요? 저도 자주 가는데 거기 뱀이 있어요?

연습 2 〈보기〉에서 알맞은 어휘를 골라 대화를 완성해 보세요.

| 보기 | 씨앗을 심다 | 정원 | 향기 | 특성 |

가: 1._____ 을/를 정말 예쁘게 가꾸셨네요. 꽃이 많아서 2._____도 좋아요.

나: 고마워요. 모두 제가 처음부터 *땅에 3._____고 키웠어요.

가: 저는 식물을 키우면 자꾸 죽어 버려요. 물도 잘 주는데요.

나: 모든 식물은 자기만의 4._____이/가 있는데 그걸 잘 알아야 해요. 어떤 식물은 물을 좋아하고 어떤 식물은 물을 별로 안 좋아하거든요.

새 어휘   옆집 Next door   땅 Land

문법 1

N(이)란

축의금이란 결혼을 축하하기 위해 내는 돈이다.

친구는 뭐라고 생각해요?

친구란 자주 만나지 않아도 서로를 이해해 주는 사람이라고 생각해요.

- 어떤 대상을 설명하거나 정의할 때 사용해요.
  This expression is used to define or explain a particular subject.

명사	받침 O	+이란	사랑:	사랑 + 이란	→ 사랑이란
	받침 X	+란	배우자:	배우자 + 란	→ 배우자란

1. **사랑이란** 서로를 이해하고 아끼는 감정이에요.
2. 좋은 **배우자란** 상대방이 믿을 수 있는 사람입니다.
3. **꿈이란** 현재를 열심히 살게 하는 힘이라고 생각한다.
4. **결혼이란** 두 사람이 변하지 않는 사랑을 약속하는 것이에요.

💬⁺ 〈보기〉와 같이 단어에 대한 자신의 생각을 이야기해 보세요.

보기

결혼이란 또 다른 사랑의 시작이다.

결혼

1.

친구

2.

가족

3.

부부

4.

학교

연습 1 〈보기〉에서 알맞은 어휘를 골라 문장을 완성해 보세요.

보기	피서	일	치맥	줄기	동호회	호캉스	휴대폰

1. 무역 회사에서 제가 맡은 _____ 주로 회의에 사용할 자료를 복사하는 것입니다.

2. _____ 여름에 무더위를 피해서 시원한 계곡이나 해수욕장에 가는 일이에요.

3. _____ 식물의 잎이 달려 있는 부분을 부르는 단어이다.

4. _____ 취미가 같은 사람들이 모여서 함께 취미 활동을 하는 모임이다.

5. _____ 잘 쓰면 약이 되고 잘못 쓰면 *해가 되는 물건이다.

6. 치맥이란 _____.

7. 호캉스란 _____.

새 어휘 해 Harm

문법 2

N(으)로서

- 어떤 지위나 신분, 자격을 나타낼 때 사용해요.
  This is used to indicate one's status, position, or qualification.

명사	받침 O	+으로서	선생님:	선생님 + 으로서	➡ 선생님으로서
	받침 X	+로서	의사:	의사 + 로서	➡ 의사로서

1. **선생님으로서** 학생들을 잘 가르치고자 노력합니다.
2. **의사로서** 환자들을 도울 수 있는 방법을 찾고 있습니다.
3. 회사 **선배로서** 업무에 대해 자세히 알려줄게요.
4. 여행 **작가로서** 여행을 하면서 얻은 정보를 많은 사람들에게 제공하고 있어요.

〈보기〉와 같이 친구와 이야기해 보세요.

보기

부모   나는 부모로서 아이들을 잘 돌볼 거예요.

1. 선생님
2. 형/누나
3. 기자
4. 택시 기사

연습 1 〈보기〉에서 알맞은 어휘를 골라 대화를 완성해 보세요.

| 보기 | 경찰 | 주인 | 아빠 | 상담사 | 친구 | 딸 | 유학생 |

1. 가: 제가 친구하고 여행가는 걸 왜 말해야 해요?

   나: _____ 자녀의 생활에 관심을 가지는 건 당연한 거야.

2. 가: 반려동물을 키우는 데 돈이 많이 들어서 힘들지 않아요?

   나: _____ 당연히 해야 할 일을 하는 건데요.

3. 가: 민수 씨랑 한번 사귀어 보는 건 어때요?

   나: 민수 씨는 _____는 좋지만 *애인으로서는 저와 안 어울려요.

4. 가: 아버지, 저는 아버지의 _____ 부끄럽지 않게 살 거예요.

   나: 너는 항상 나의 *자랑스러운 딸이야.

5. 가: 미국에서 유학을 한 적이 있어요?

   나: 네, _____ 1년동안 미국 대학교에 다녔어요.

6. 가: 가장 존경하는 사람이 아버지세요?

   나: 네, 아버지는 _____ 사람들이 안전하게 지낼 수 있게 최선을 다하셨어요.

7. 가: 상담사 일을 할 때 중요한 것은 무엇입니까?

   나: _____ 다른 사람의 고민을 잘 이해하려고 노력하는 것이 중요하다고 봅니다.

새 어휘 애인 Lover   자랑스럽다 To be proud

문법 3

V/A-(으)며

- 두 가지 이상의 동작이나 상태를 나열하거나 함께 일어남을 나타낼 때 사용해요.
  This is used to list two or more actions or states that occur together or in sequence.

동사 형용사	받침 O	-으며	읽다:	읽 + -으며	→ 읽으며
	받침 X	-며	운동하다:	운동하 + -며	→ 운동하며

1. 이 꽃은 *붉으며 아름답다.
2. 나는 휴대폰을 보며 밥을 먹는다.
3. 우리는 만나서 이야기를 하며 커피를 마실 겁니다.
4. 이번 화재로 건물이 다 탔으며 많은 사람이 다쳤습니다.

> **Tip!**
> 'V/A-(으)며'는 의미에 따라 'V/A-고'나 'V/A-(으)면서'로 바꾸어 사용할 수 있다.
> 'V/A-(으)며' can, depending on its meaning, be replaced with either 'V/A-고' or 'V/A-(으)면서'.
> 예 한국 사람들은 솔직하며 정이 많다. = 한국 사람들은 솔직하고 정이 많다.
> 나는 아침 식사를 하며 신문을 본다. = 나는 아침 식사를 하면서 신문을 본다.

친구와 이야기해 보세요.

질문	대답
1. 생일 파티를 할 때 무엇을 합니까?	
2. 여러분은 친구를 만나면 무엇을 합니까?	
3. 뮤지컬 공연에서 배우들은 무엇을 합니까?	
4. 한국의 여름은 날씨가 어떻습니까?	
5. 여러분은 어떤 사람을 좋아합니까?	

연습 1 배운 문법을 사용하여 대화나 문장을 완성해 보세요.

1. 가: 저는 음악을 _____ 공부를 합니다.

   나: 음악 소리가 시끄럽지 않나요?

2. 가: 김지우 씨가 머리가 짧은 분이신가요?

   나: 아닙니다. 저기 머리가 _____ 키가 큰 사람입니다.

3. 우리 역사 동호회에 오십시오. 동호회에서 역사를 _____ 같이 역사의 도시들을 구경할 수도 있습니다.

4. 오늘은 비가 왔으나 내일 날씨는 따뜻하고 _____ 바람이 조금 불겠습니다.

5. 봄이 되니 사람들은 공원에 나와 준비한 음식을 _____ 봄을 즐기고 있습니다.

6. 이번 교통사고로 한 명은 머리를 _____ 두 명은 다리에 큰 *부상을 입었습니다.

7. 다음 순서로 신랑과 신부가 서로 반지를 _____ 사랑을 약속하겠습니다.

8. 가: 이리나 씨, 전주에 가서 뭐 했어요?

   나: 전주한옥마을에 가서 사진을 _____ 친구들과 즐거운 추억을 쌓았어요.

새 어휘　붉다 To be red　　부상을 입다 To get injured

말하기

기자: 여러분은 *반려 식물이라는 말을 들어본 적이 있으신가요? 반려 식물이란 마음을 *의지하고자 가까이 두고 기르는 식물을 말합니다. 이곳은 거실을 식물로 *채운 유코 씨의 집인데요. 향기가 아주 좋네요. 유코 씨, 식물을 이렇게 많이 키우시는 이유는 무엇인가요?

유코: 혼자 *자취하면서 힘든 일이 많았지만 *특별히 이야기할 데가 없었죠. 그런데 어느 날 친구가 제게 작은 씨앗을 심은 *화분을 선물해 줬어요. 그 화분을 보며 저의 힘든 일이며 기쁜 일들을 이야기하게 되었는데 저에게 큰 위로와 힘이 되더라고요. 그때부터 화분을 모으다 보니 이렇게 많아졌습니다.

기자: 사실 동물을 키우면서 친구처럼 지내는 분들은 많은데요. 식물은 움직이거나 말을 할 수 없으니까 좀 답답할 때는 없으신가요?

유코: 저는 그런 점이 저를 조용히 기다려 주는 것 같아서 *오히려 좋아요.

기자: 그렇군요. 유코 씨에게 이 식물들은 어떤 의미인가요?

유코: 저에게 반려 식물이란 항상 저를 바라봐 주는 친구예요. 저 역시 친구로서 이 식물들을 잘 챙기려고 더 부지런해졌어요.

기자: 식물이 늘 함께하는 친구로서 *위로가 되어 주는군요. 오늘 말씀 감사합니다.

연습 1 대화를 듣고 질문에 대답해 보세요.

1. 반려 식물이란 무엇입니까?

2. 유코는 어떻게 식물을 키우기 시작했습니까?

3. 유코는 식물에게 무슨 이야기를 했습니까?

4. 반려 식물을 키우면서 유코는 어떻게 달라졌습니까?

연습 2 아래 어휘를 사용하여 친구와 대화 연습을 해 보세요.

거실을 식물로 채웠다 화분을 보다 반려 식물 – 항상 저를 바라봐주는 친구 친구	많은 식물을 키우고 있다 화분에 물을 주다 이 화분들 – 저와 매일을 함께하는 가족 가족	다양한 종류의 식물이 있다 화분과 지내다 이 식물들 – 저를 조용히 위로해 주는 룸메이트 룸메이트

연습 3 동물이나 식물 이름으로 이행시나 삼행시를 지어 보세요.

강 아지가 침대 위에서
아 기처럼 자고 있으니까
지 금은 조용히 하세요!

새 어휘
반려 식물 Pet plant   의지하다 To rely on   채우다 To fill   자취하다 To live alone   특별히 Especially
화분 Flower pot   오히려 Even   위로 Comfort

3과 저에게 반려 식물이란 항상 저를 바라봐 주는 친구예요.

듣기

준비 강아지를 데리고 외출할 때 지켜야 하는 예절은 무엇일까요?

연습 1 잘 듣고 맞으면 O, 틀리면 X 표시해 보세요.

1. 오늘날 반려동물은 우리 생활에서 아주 중요해졌다.   O   X

2. 목줄은 2m보다 짧아야 한다.   O   X

3. 주인은 반려동물이 밖에서 일을 못 보게 해야 한다.   O   X

4. 반려동물을 만지려면 주인의 허락이 필요하다.   O   X

5. 펫티켓은 반려동물을 키우는 주인만 지키면 된다.   O   X

연습 2 다시 한번 잘 듣고 질문에 맞는 답을 해 보세요.

1. 다음 중 펫티켓을 잘 지킨 사람은 누구입니까?

   ① 정호는 공원에서 반려동물이 자유롭게 다니게 했다.
   ② 지우는 길에서 만난 강아지가 귀여워서 맛있는 간식을 줬다.
   ③ 수진은 강아지를 안고 엘리베이터를 탔다.

2. 펫티켓을 지켜야 하는 이유는 무엇입니까?

   _____

연습 3 잘 듣고 빈칸을 채워 보세요.

1. 펫티켓이란 반려동물을 의미하는 펫(Pet)과 예절을 의미하는 에티켓(Etiquette)을 합친 말로 공공장소에서 주인과 주변 사람들이 반려동물과 함께 _____.

2. 동물을 싫어하거나 _____ 소중한 반려동물을 사고에서 보호할 수 있어요.

3. _____ 반려동물이 한 일은 나의 책임이라는 거, 잊지 마세요.

4. 반려동물을 _____ 꼭 주인에게 먼저 물어봐야 해요.

새 어휘 현대 Modern   합치다 To combine   외출하다 To go out   이내 Within   목줄 Dog leash
배변 봉투 Poop bag   일을 보다 To go to the bathroom (informal)

읽기

나라를 대표하는 동식물이란 한 나라에서 *오랫동안 사랑받아 왔으며 그 나라의 특성을 보여주는 동식물을 말한다. 그것을 보면 그 나라의 사람들이 무엇을 소중하게 생각하는지를 알 수 있다. 여기에서는 한국을 *상징하는 대표적인 동식물에 대해 소개하고자 한다.

무궁화

무궁화는 한국에서 *흔하게 볼 수 있는 꽃이다. 무궁화는 어디에서나 잘 자라며 7월에서 10월까지 꽃이 길게 피는 특성이 있다. 이는 한국인의 성실하고 포기하지 않는 모습을 보여준다. 무궁화는 한국을 상징하는 꽃으로서 *대통령이 주는 상이나 *법원의 상징으로도 사용된다.

소나무

소나무는 한국의 나무 중에서 가장 많은 나무로 한국인과 매우 가까운 나무이다. 소나무는 추운 겨울에도 *푸른 모습을 잃지 않는 특성이 있다. 또한 뿌리만 있으면 다시 자라는 다른 나무와 다르게 뿌리만 남기고 자르면 죽는다고 한다. 이런 점에서 소나무는 변하지 않는 모습과 마음을 상징하여 한국인의 사랑을 받고 있다.

호랑이

호랑이는 한국 문화와 깊은 *관계가 있는 동물로서 한국의 옛날 그림과 이야기에 가장 자주 나오는 동물이다. 지금은 한국에서 호랑이를 볼 수 없으나 옛날에는 호랑이를 자주 볼 수 있었기 때문에 한국 사람들에게 익숙한 동물이었다. 한국에서 호랑이는 용감하며 *강한 모습을 상징한다.

새 어휘 오랫동안 For a long time   상징하다 To symbolize   흔하다 To be common   대통령 President
법원 Court   푸르다 To be blue/green   관계가 있다 To be related   강하다 To be strong

연습 1 글을 읽고 질문에 대답해 보세요.

1. 다음을 상징하는 동식물은 무엇입니까? 이름을 쓰세요.

성실한 모습		강한 모습	
변하지 않는 마음		포기하지 않는 모습	
용감한 모습			

2. 나라를 대표하는 동식물을 보면 무엇을 알 수 있습니까?

_____

여러분 나라를 대표하는 동식물은 무엇인지 이야기해 보세요.

쓰기

반려 동식물을 키울 때 무엇을 주의해야 하는지 써 보세요.

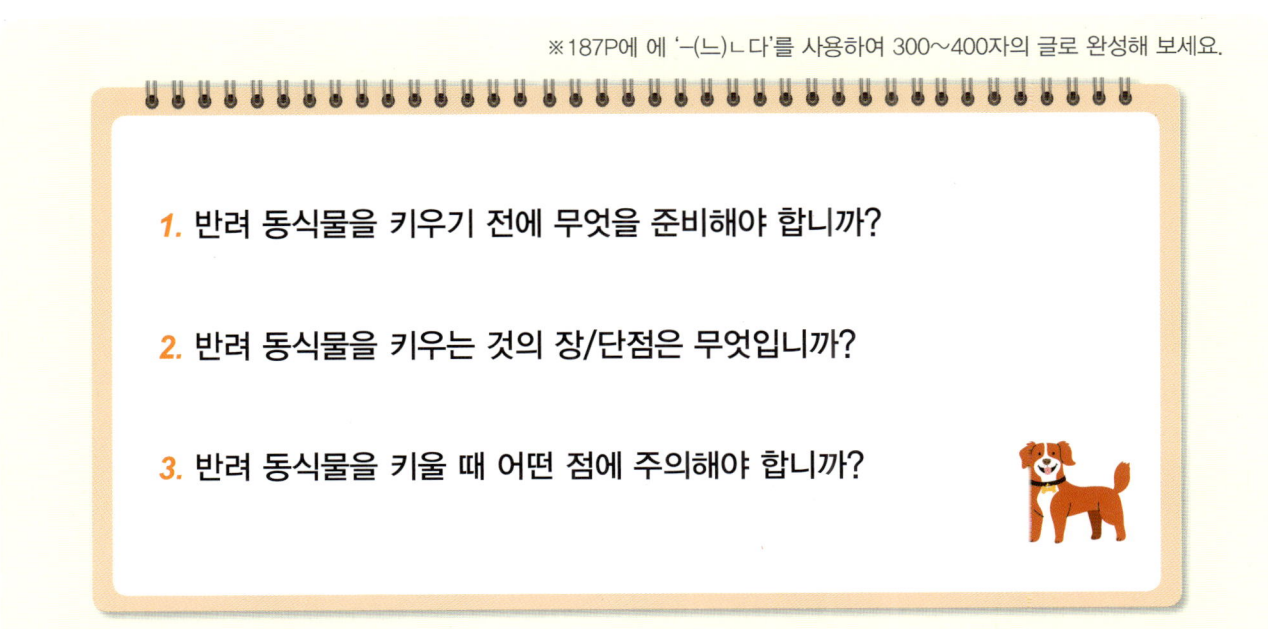

※187P에 에 '-(느)ㄴ다'를 사용하여 300~400자의 글로 완성해 보세요.

1. 반려 동식물을 키우기 전에 무엇을 준비해야 합니까?

2. 반려 동식물을 키우는 것의 장/단점은 무엇입니까?

3. 반려 동식물을 키울 때 어떤 점에 주의해야 합니까?

4과 힘들더라도 스트레칭은 바른 자세로 해야 돼요.

	여러분은 몸이나 마음이 힘들 때 무엇을 해요?
어휘와 표현	건강
문법	V/A-(으)ㄹ걸요
	V/A-(으)ㄹ수록
	V/A-더라도
말하기	스트레칭을 계속 하다 보면 아마 마음이 편안해질 걸요.
듣기	우울증을 예방하려면 충분하게 자고 건강에 좋은 음식을 먹는 것이 중요해.
읽기	익힌 토마토 주스를 만드는 방법을 소개합니다.
쓰기	여러분이 가지고 있는 건강에 좋은 습관과 나쁜 습관을 써 보세요.
한국어 더하기	의태어/의성어 ③

어휘와 표현

건강 Health

몸 건강 Physical health

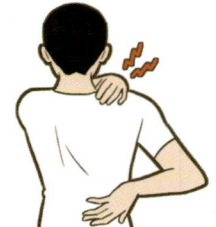   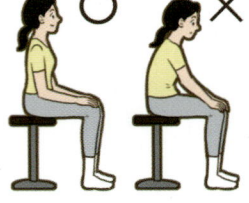

근육이 뭉치다 — To have stiff muscles
팔/다리를 펴다 — To stretch arms/legs
스트레칭을 하다 — To stretch
자세가 바르다 — To have good posture

다리를 뻗다 — To extend legs
허리를 굽히다 — To bend back
기지개를 켜다 — To stretch one's body
호흡하다 — To breathe

마음 건강 Mental health

마음이 편안해지다 — To feel at ease
마음에 여유가 생기다 — To have peace of mind

기운이 나다 — To feel energized
지치다 — To be exhausted

상처를 받다 — To get hurt
우울하다 — To be depressed

> 우울할 때 무엇을 하면 마음이 좀 편안해집니까?
>
> 지쳤을 때 기운이 나게 하는 방법이 있습니까?
>
> 다른 사람의 말 때문에 상처를 받은 적이 있습니까?

연습 1 〈보기〉에서 알맞은 어휘를 골라 빈칸을 채워 보세요.

| 보기 | 근육 | 뻗다 | 켜다 | 여유가 생기다 | 기운이 나다 | 지치다 | 우울하다 |

1. 요즘 다리 _____을/를 만들려고 아침마다 달리기를 하고 있어요.

2. 친구와 싸우고 시험도 못 봐서 기분이 _____.

3. 저는 아침에 일어나면 제일 먼저 기지개를 _____.

4. 유학 생활이 힘들었는데 *격려하는 엄마의 편지를 읽고 _____.

5. 어제는 혼자 이삿짐을 정리하느라 _____.

6. 가: 가방이 높은 곳에 있어서 손이 안 닿아.

   나: 팔을 좀 더 _____아/어 봐.

7. 가: 아르바이트와 학교 공부 때문에 너무 정신이 없어.

   나: 하루에 한 시간은 산책하거나 책을 읽으면서 보내 봐.

   그러면 마음에 _____(으)ㄹ 거야.

연습 2 〈보기〉에서 알맞은 어휘를 골라 글을 완성해 보세요.

| 보기 | 호흡하다 | 편안해지다 | 굽히다 | 펴다 | 스트레칭 | 자세 |

바빠서 운동할 시간이 없는 분들, 많으시지요?

그럴 때는 운동 대신 아침에 일어나서 10분만 **1.**_____ 을/를 해 주세요.

스트레칭을 할 때는 숨을 쉬는 것이 중요한데 천천히, 깊게 **2.**_____아/어 주세요.

팔과 다리는 쭉 **3.**_____(으)세요. 허리도 **4.**_____지 말고

똑바로 앉은 **5.**_____을/를 *유지하세요. 스트레칭으로 하루가 가벼워지고

스트레스 받았던 마음도 **6.**_____는 것을 느낄 수 있습니다.

새 어휘   격려하다 To encourage   유지하다 To maintain

문법 1

V/A-(으)ㄹ걸요

- 어떤 사실에 대한 추측을 표현하거나 상대방이 이미 알고 있는 바나 기대와는 다르다며 가볍게 반박, 감탄할 때 사용해요.
  This is used to make a light rebuttal or a mild exclamation based on a guess that contradicts what the other person already knows or expects.

동사 형용사	받침 O	−을걸요	받다: 받 + −을걸요 → 받을걸요
	받침 X	−ㄹ걸요	비싸다: 비싸 + −ㄹ걸요 → 비쌀걸요

1. 이 음식은 아이들에게는 매울걸요.
2. 에릭 씨는 아직 기숙사에서 살걸요.
3. 내가 만든 음식이 제일 맛있을걸요.
4. 그 친구는 미나 씨의 선물을 골랐을걸.

 Tip!
문장 끝을 올려 말해요.
This expression is spoken with a rising intonation.
예 저기가 동대문 시장일걸요. ↗

 〈보기〉와 같이 친구와 이야기해 보세요.

보기
가: 친한 선배에게 *반말을 해도 될까요?
나: 친하니까 반말을 해도 될걸요. / 친해도 반말은 하면 안 될걸요.

내일 누가 가장 일찍 올까요?

지하철에서 커피를 마실 수 있을까요?

숙제가 많으면 학생들의 한국어 실력이 더 좋아질까요?

회사에서 일한 지 일주일 됐는데 너무 힘들어요. 그만두는 게 나을까요?

연습 1 배운 문법을 사용하여 대화를 완성해 보세요.

1. 가: 야오밍 씨가 요즘 일이 정말 많은가 봐요. 얼굴 보기가 힘드네요.

   나: 지금 사무실에 가면 야오밍 씨가 _____. 아까 사무실 방향으로 가던데요.

2. 가: 우리 아이는 어떻게 생겼을까요?

   나: 예쁜 당신을 닮아서 아기도 아주 _____.

3. 가: 이번 시험에서 누가 1등을 할까?

   나: 타쿠야가 굉장히 열심히 공부했으니까 타쿠야가 _____.

4. 가: 회의가 화요일이에요, 수요일이에요?

   나: 아마 _____. 수요일에는 김 과장님이 출장을 가시거든요.

5. 가: 오늘 수업이 이미 끝났을까?

   나: 지금 1시가 지나서 수업은 벌써 _____.

6. 가: 저 잠깐 나갔다 올게요.

   나: 눈도 오는데 그렇게 입으면 _____. 따뜻하게 입고 나가.

7. 가: 내일 흐엉 씨하고 만나서 놀래요?

   나: 방학이라서 이미 고향에 _____. 전화도 안 받더라고요.

8. 가: 교수님 전화번호 아는 사람 있어?

   나: 진수 씨가 _____. 지난번에 교수님께 전화하는 것 같던데.

새 어휘 반말 Informal speech

문법 2

V/A-(으)ㄹ수록

- 앞 내용의 정도가 심해지면 뒤 내용도 그에 따라 변함을 나타낼 때 사용해요.
  This expression means that as the degree or extent of the first situation increases, the second situation also changes accordingly.

동사 형용사	받침 O	-을수록	받다: 받 + -을수록 ➡ 받을수록
	받침 X	-ㄹ수록	피곤하다: 피곤하 + -ㄹ수록 ➡ 피곤할수록

1. 거리가 **멀수록** 비행기표 가격이 비쌉니다.
2. 날씨가 **더울수록** 음식을 잘 먹어야 건강해요.
3. 외국어는 **공부할수록** 더 어려워지는 것 같아요.
4. 부모님께 도움을 **받을수록** 열심히 공부해야겠다는 생각이 들어요.

Tip!

1. '갈수록'은 '시간이 흐르거나 일이 진행됨에 따라 더욱더' 의미의 부사로 사용해요.
   '갈수록' is used as an adverb meaning "more and more as time goes by or as things progress."
   예) 아이가 갈수록 아빠를 닮는다.
2. 정도를 강조하기 위해 'V/A-(으)면 V/A-(으)ㄹ수록'의 형태를 사용해요.
   This structure emphasizes intensity using 'V/A-(으)면 V/A-(으)ㄹ수록'.
   예) 유코 씨는 만나면 만날수록 편하고 재미있는 친구예요.

💬⁺ 제시한 어휘를 사용하여 질문을 만들고 친구와 이야기해 보세요.

> **보기** 하다 ➡ 할수록 재미있는 일은 무엇입니까?

1. 많다 ➡ _____ 좋은 것은 무엇입니까?
2. 적다 ➡ _____ 좋은 것은 무엇입니까?
3. 먹다 ➡ _____ 건강에 좋은 것은 무엇입니까?
4. 춥다 ➡ _____ 잘 팔리는 물건은 무엇입니까?

연습 1 배운 문법을 사용하여 대화를 완성해 보세요.

1. 가: 그 책은 여러 번 보지 않았어요? 또 읽어요?

   나: 이 책은 _____ 재미있거든요.

2. 가: 이 휴대폰은 기능이 많네요.

   나: 네. 기능이 _____ 편리해서 이걸로 샀어요.

3. 가: 요즘 피아노를 배운다면서요? 어때요?

   나: 아직 잘 못 치지만 _____ 실력이 좋아지고 있어요.

4. 가: 지난주에 처음 봉사 활동을 했는데 힘들었어요.

   나: 처음에는 힘든데 봉사 활동을 _____ 보람을 느낄 수 있을 거예요.

5. 가: 학교에서 가깝고 저렴한 집을 구하고 싶어요.

   나: 그런 집은 찾기 힘들어요. 학교에서 _____ 월세가 비싸거든요.

6. 가: _____ 서로 예의를 지켜야 한다고 생각해요.

   나: 맞아요. 그래서 저는 친한 친구에게 *농담할 때도 조심해요.

7. 가: 어제 새로 산 신발인데 발이 아파요.

   나: 처음이라 그래요. _____(으)면 _____ 편해질 거예요.

8. 가: 아이가 어려서 뭘 먹일지 항상 신경이 쓰여요.

   나: 그렇죠. 아이가 _____(으)면 _____ 영양에 신경을 써야 하니까요.

새 어휘 농담하다 To joke

문법 3

V/A-더라도

- 앞 내용을 가정하거나 인정하지만 뒤 내용과 관계가 없거나 영향을 미치지 않을 때 사용해요.
  This expression assumes or acknowledges the first clause but shows that it has no effect or relevance to the second clause.

| 동사 형용사 | 받침 O | –더라도 | 읽다: 읽 + –더라도 → 읽더라도 |
| | 받침 X | | 하다: 하 + –더라도 → 하더라도 |

1. 내일 비가 **오더라도** 여행을 가려고 한다.
2. 조금 **실수하더라도** 자신 있게 이야기해 보세요.
3. 한국어가 **어렵더라도** 한번 배워 보는 게 어때요?
4. 친구가 거짓말을 **했더라도** 나는 화를 내지 않을 것이다.

Tip!
'V/A–아/어도'보다 가정의 뜻이 강해서 이미 실현된 일에는 사용하지 않아요.
Compared to 'V/A–아/어도', this expression has a stronger hypothetical nuance and is not used for already realized situations.
예 가: 이걸 몰라요? 공부 안 했어요?
　　나: 공부했어요. 그런데 공부해도 잘 모르겠어요. (O)
　　　　공부했어요. 그런데 공부하더라도 잘 모르겠어요. (X)

💬⁺ 친구와 〈보기〉와 같이 이야기해 보세요.

보기
가: 오늘 시험이 있는데 머리가 아파요. 어떻게 할까요?
나: 시험이 있으니까 머리가 아프더라도 학교에 오세요.

1. 사랑하는 사람과 결혼하고 싶은데 부모님께서 반대해요. 어떻게 할까요?
2. 다이어트하는데 친구가 맛있는 음식을 사 주겠다고 해요. 어떻게 할까요?
3. 정말 마음에 드는 옷을 봤는데 값이 아주 비싸요. 어떻게 할까요?
4. 오늘 중요한 회의가 있는데 감기에 걸렸어요. 어떻게 할까요?

연습 1 배운 문법을 사용하여 대화를 완성해 보세요.

1. 가: 이 약만 먹으면 건강해질 수 있어요?

   나: 약을 _____ 생활 습관을 바꾸지 않으면 건강해지기 어려울 거예요.

2. 가: 이 책 어때요? 재미있어 보이지는 않는데요.

   나: 조금 _____ 공부에 도움이 되는 책이니까 읽어 보세요.

3. 가: 이걸 다 하려면 *밤새워야 할 텐데요.

   나: 오늘 잠을 못 _____ 내일 아침까지 다 끝낼 거예요.

4. 가: 덥네요. 에어컨이 고장났어요?

   나: 네. 지금 수리 중이니까 _____ 조금만 참으세요.

5. 가: 요즘 일이 많아서 밥 먹을 시간도 없어요.

   나: 건강을 위해서 아무리 _____ 식사는 챙겨 드세요.

6. 가: 엄마, 드디어 제가 결혼을 하네요.

   나: 그래. 살면서 _____ 서로 이해하고 도우면서 살아야 해.

7. 가: 모임에 못 갔는데 회비를 내야 해요?

   나: 네, 참석하지 _____ 회비는 내야 해요.

8. 가: 선생님도 모르는 게 있으세요?

   나: 그럼요. _____ 모르는 게 있을 수 있죠.

새 어휘 밤새우다 To stay up all night

말하기

야오밍: 선생님, 시험을 준비하느라고 밤 늦게까지 깨어 있었더니 *온몸이 아파요.

선생님: 근육이 뭉친 것 같아요. 그럼 근육이 뭉쳤을 때 좋은 스트레칭을 해 볼까요? 동작은 간단하지만 아주 *효과가 좋거든요. 먼저 바닥에 바른 자세로 앉아서 두 손을 앞으로 모으고 기지개를 켜는 듯이 머리 위로 올리세요. 이때 누가 위에서 팔을 *잡아당기는 것처럼 쭉 펴세요. *양팔은 귀에 가까이 붙으면 붙을수록 좋아요.

야오밍: 아아, 여기저기가 너무 아픈데요.

선생님: 팔을 쭉 뻗을수록 스트레칭이 잘 돼요. 좀 아프더라도 끝까지 팔을 펴서 위로 뻗으세요. 이제 두 다리를 앞으로 쭉 뻗고 허리를 굽혀 두 손으로 *발끝을 잡아 보세요. 이때 허리는 똑바로 세우고 가슴이 다리에 닿는다고 생각하며 허리를 굽히세요.

야오밍: 간단한 동작이지만 *제대로 하기가 쉽지 않네요.

선생님: 그렇지요? 그런데 힘들더라도 스트레칭은 바른 자세로 해야 돼요. 많이 하지 않아도 되니까 저를 보고 하나씩 따라서 하세요.

야오밍: 네, 선생님이 하시는 대로 잘 따라서 해 볼게요.

선생님: 처음에 좀 아파도 계속 하다 보면 몸이 시원해질 거예요. 아마 마음도 편안해질걸요. 자, 그럼 천천히 호흡하면서 다시 해 보세요.

연습 1 대화를 듣고 질문에 대답해 보세요.

1. 야오밍은 왜 늦게까지 자지 못했습니까?

2. 지금 야오밍이 하는 스트레칭은 언제 효과가 좋습니까?

3. 허리를 굽힐 때는 어떤 생각으로 하는 것이 좋다고 합니까?

4. 스트레칭을 계속 하다 보면 몸과 마음이 어떻게 변해요?

연습 2 아래 어휘를 사용하여 친구와 대화 연습을 해 보세요.

시험을 준비하다	발표 자료를 만들다	책을 읽다
귀에 가까이 붙다	끝까지 뻗다	앞으로 쭉 펴다
힘들다	쉽지 않다	아프다
마음도 편안해지다	머리도 맑아지다	스트레스도 풀리다

연습 3 다음 동작 중 하나를 골라 친구에게 설명하고 친구는 들은 대로 따라해 보세요.

보기
의자에 바른 자세로 앉으세요. 허리는 쭉 펴세요. 두 손을 서로 잡고 기지개를 켜는 듯 위로 올리세요. 팔은 굽히지 말고 쭉 펴서 위로 뻗은 후에 팔을 뒤로 보내세요.

새 어휘 온몸 Whole body　효과 Effect　잡아당기다 To pull　양팔 Both arms　발끝 Tiptoes　제대로 Properly

듣기

준비 *우울증을 *예방하는 방법은 어떤 것이 있습니까?

연습 1 잘 듣고 맞으면 O, 틀리면 X 표시해 보세요.

1. 요즘 우울증 문제가 심각해지고 있다.   O   X

2. 잠깐만 우울해도 우울증을 *의심해야 한다.   O   X

3. 여자는 *규칙적으로 운동하고 있다.   O   X

4. 몸의 건강과 마음의 건강은 관계가 있다.   O   X

5. 여자는 요즘 시험 기간이다.   O   X

연습 2 다시 한번 잘 듣고 질문에 맞는 답을 해 보세요.

1. 우울증을 예방하는 방법이 아닌 것은 무엇입니까?

   ① 운동을 꾸준하게 한다.
   ② 가족, 연인과 함께 어울린다.
   ③ 건강에 나쁜 음식을 피한다.
   ④ 우울할 때는 아무 일도 하지 않는다.

2. 남자가 말하는 운동의 효과는 무엇입니까?

   1) _____

   2) _____

연습 3 잘 듣고 빈칸을 채워 보세요.

1. 요즘 우울증을 앓는 사람이 _____.

2. 특별한 일이 없는데 오랜 기간 계속 우울하거나 _____

   우울증을 의심해 봐야 한대.

3. 그럼 _____ 운동하는 습관을 가져 볼까?

4. 내일 시험이 끝나고 나면 너의 우울한 마음은 _____.

새 어휘 우울증 Depression   예방하다 To prevent   의심하다 To suspect   규칙적으로 Regularly   앓다 To suffer from

읽기

안녕하세요? 먹을수록 건강해지는 요리 시간입니다.

여러분, 건강에 가장 큰 영향을 주는 것은 무엇일까요? 바로 음식이에요. 혹시 *싱싱한 채소는 그냥 먹을수록 건강에 좋다고 생각하시나요? 하지만 *익혀서 먹어야 몸에 *흡수가 잘 되는 채소도 있는데요. 그중 대표적인 것이 토마토예요.

토마토는 맛이 좋을 뿐만 아니라 *비타민도 많아 기운이 나게 하고 여러 병을 예방하는 데에도 효과가 있다고 해요. 오늘은 토마토로 주스 만드는 방법을 소개해 볼 건데요. 여러분도 토마토 주스 좋아하시지요? 이번엔 익힌 토마토로 주스를 만들어 볼게요. 아마 여러분도 드셔 보시면 익힌 토마토 주스에 반하실걸요.

토마토 2개와 *꿀, 얼음을 준비해 주세요. 우선 깨끗하게 씻은 토마토를 끓는 물에 넣고 20초 정도 *데치세요. 데친 토마토는 *껍질을 벗기고 반으로 썰어 주세요. 마지막으로 껍질을 벗긴 토마토와 꿀, 얼음을 넣고 *갈아 주면 끝이에요. 정말 간단하지요?

토마토를 익히는 게 조금 귀찮더라도 여러분과 가족들의 건강한 몸을 위해 익힌 토마토 주스를 마셔 보세요. 매일 꾸준히 마시면 지친 몸에 힘을 줄 거예요. 다음 시간에는 익혀서 먹으면 좋은 당근으로 요리를 만들어 볼게요. 바쁘시더라도 또 보러 와 주세요. 그럼 다음 시간에 만나요.

새 어휘 싱싱하다 To be fresh   익히다 To boil   흡수되다 To be absorbed   비타민 Vitamin   꿀 Honey
데치다 To parboil   껍질 Peel   갈다 To grind

연습 1 글을 읽고 질문에 대답해 보세요.

1. 토마토 주스 만드는 방법을 순서대로 써 보세요.

가.　　　　　　　　　나.　　　　　　　　　다.

(　　　) – (　　　) – (　　　)

2. 토마토는 건강에 어떻게 좋습니까?

1) _____

2) _____

💬⁺ 건강에 좋은 음식을 알고 있나요? 친구들에게 소개해 보세요.

쓰기

여러분이 가지고 있는 건강에 좋은 습관과 나쁜 습관을 써 보세요.

※188P에 에 '-(느)ㄴ다'를 사용하여 300~400자의 글로 완성해 보세요.

1. 여러분의 습관 중 건강에 좋은 습관은 무엇입니까?
   그것은 건강에 어떻게 좋습니까?
2. 여러분의 습관 중 건강에 나쁜 습관은 무엇입니까?
   그것은 건강에 어떻게 나쁩니까?
3. 여러분의 건강을 위해 기르고 싶은 습관은 무엇입니까?
   그 이유는 무엇입니까?

한국어 더하기 의성어/의태어 ③

힐끗힐끗 (거리다/보다)

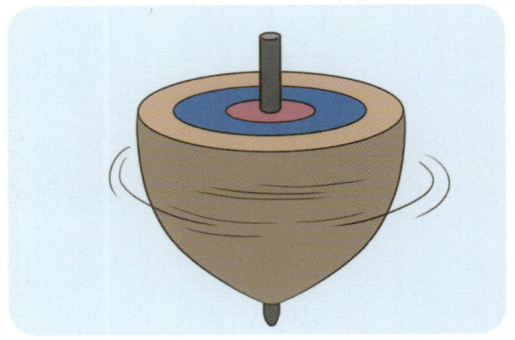
빙글빙글 (돌다)

뚜벅뚜벅 (걷다)

꽁꽁 (*얼다)

벌떡 (일어나다)

줄줄 (*흐르다)

연습 1 의미에 알맞은 의성어나 의태어를 찾아 연결해 보세요.

1. 가볍게 잠깐씩 보다 • • a. 힐끗힐끗 • • ㄱ. 돌다
2. 녹지 않을 만큼 *단단하게 얼다 • • b. 빙글빙글 • • ㄴ. 흐르다
3. 눕거나 앉았다가 갑자기 일어나다 • • c. 뚜벅뚜벅 • • ㄷ. 얼다
4. 계속해서 돌다 • • d. 꽁꽁 • • ㄹ. 일어나다
5. 많은 물이 계속 흐르다 • • e. 벌떡 • • ㅁ. 보다
6. 발소리를 내며 걷다 • • f. 줄줄 • • ㅂ. 걷다

연습 2 빈칸에 알맞은 의성어나 의태어를 넣어 대화를 완성해 보세요.

1. 가: 뭘 보고 있어요?
   나: *바람개비요. 바람이 부니까 _____네요.

2. 가: 너 코감기에 걸렸나 봐.
   나: 맞아. 그래서 자꾸 콧물이 _____.

3. 가: 오늘 너무 춥다.
   나: 그치? 나도 추워서 손이 _____.

4. 가: 누가 오나 봐요.
   나: 그러게요. _____는 소리가 들리는데요.

5. 가: 너 얼굴에 뭐가 묻었어.
   나: 아, 그래? 그래서 아까부터 사람들이 내 얼굴을 _____나 봐.

6. 가: 민수 씨는 나갔어요?
   나: 네. 이야기하다가 늦었다면서 갑자기 _____아/어서 나갔어요.

💬⁺ 배운 의성어나 의태어 중 하나를 골라 대화를 만들어 보세요.

가: _____
나: _____

새 어휘 얼다 To freeze   흐르다 To flow   단단하다 To be hard   바람개비 Pinwheel

5과

저는 우리나라를 사랑하므로 대통령이 되겠습니다.

	여러분은 어떤 직업을 갖고 싶어요? 이야기해 보세요.
어휘와 표현	직업
문법	V/A-더니
	V/A-거니와
	V/A-(으)므로
말하기	요즘 아이들에게 제일 인기 있는 직업은 연예인이나 스포츠 선수래.
듣기	아주 중요한 일이라서 잘 끝내고 싶은데 좀 지치네요.
읽기	직업을 선택할 때의 기준은 연봉, 적성, 근무 환경 등 매우 다양하다.
쓰기	여러분이 직업을 선택하는 기준을 써 보세요.

어휘와 표현

직업 Job

직업 종류 Types of jobs

전문직
Professional job

사무직
Office job

생산직
Production job

서비스직
Service job

영업직
Sales job

관리직
Managerial job

직장 생활 Work life

사회생활 Social life	승진하다 To get promoted
성과를 올리다 To achieve results	회사에서 잘리다 To get fired
직급 Job title	안정적이다 To be stable
만족 ↔ 불만족 Satisfaction ↔ Dissatisfaction	균형 ↔ 불균형 Balance ↔ Imbalance

> 회사에서 승진을 빨리 하려면 어떻게 해야 합니까?
>
> 어떤 직업이 안정적이라고 생각합니까?
>
> 개인 생활과 일의 균형을 위해 필요한 조건은 무엇입니까?

연습 1 설명과 어울리는 직업을 〈보기〉에서 골라 써 보세요.

| 보기 | 전문직 | 사무직 | 생산직 | 서비스직 | 영업직 | 관리직 |

1. 어떤 분야에 높은 *지식과 *기술이 필요한 직업. *변호사, 교수, 의사 등 ( )
2. 회사, 학교 등에서 *전체적인 일이 잘되고 있는지 확인하고 결정하는 직급. 사장, *교장 등 ( )
3. 주로 책상에서 *문서를 작성하거나 확인하는 등의 일을 하는 직업 ( )
4. 손님에게 필요한 서비스를 제공하는 직업. 승무원, 호텔 직원 등 ( )
5. 물건을 소개하고 판매하는 직업 ( )
6. 몸을 사용하여 무언가를 만드는 일 ( )

연습 2 〈보기〉에서 알맞은 어휘를 골라 대화를 완성해 보세요.

| 보기 | 안정적이다 | 만족 | 불균형 | 직급 |
| | 회사에서 잘리다 | 사회생활 | 승진하다 | 성과를 올리다 |

가: 취직한 거 축하해. 드디어 너의 **1.**_____이/가 시작됐네.
나: 고마워요. 선배도 이번에 과장으로 **2.**_____(으)ㄴ 거 축하해요.
　　선배가 *개발한 휴대폰이 큰 인기를 얻는 **3.**_____고 있다면서요?
가: 동료들과 같이 한 거지. 과장으로 **4.**_____이/가 올라가니까
　　어깨가 좀 무겁네. 그런데 네가 들어간 회사는 어때?
나: 모두 친절하고 일도 재미있어서 **5.**_____하고 있어요. 열심히 일해서
　　6._____지 않고 오래 일하고 싶어요. 선배는 일을 잘하니까 그런 걱정은
　　없겠어요.
가: 내가 하는 일도 그렇게 **7.**_____지 않아. 나도 오래 일하려면 노력해야지.
　　그런데 일도 좋지만 일만 하다가 사생활과 일이 **8.**_____해지지 않게
　　신경 쓰는 게 좋아.
나: 알겠습니다. 퇴근 후 생활에도 신경 쓸게요.

새 어휘　지식 Knowledge　기술 Skill　변호사 Lawyer　전체적 Overall　교장 Principal　문서 Document

문법 1

V/A-더니

① 전에 경험하여 알게 된 사실이나 상황에 뒤이어 사실이나 상황이 일어남을 나타낼 때 사용해요.
This is used when the second situation follows a previously experienced fact or event.

② 전에 경험하여 알게 된 사실이나 상황에 뒤이어 대조적인 사실이나 상황이 일어남을 나타낼 때 사용해요.
This is used when a contrasting fact or situation follows a previously experienced one.

③ 전에 경험하여 알게 된 사실이나 상황이 뒤 문장의 결과를 낳는 원인이나 이유가 됨을 나타낼 때 사용해요.
This is used when a previously experienced fact or situation becomes the reason or cause for the next one.

| 동사 | 받침 O | -더니 | 먹다: 먹 + -더니 | → 먹더니 |
| 형용사 | 받침 X | | 마시다: 마시 + -더니 | → 마시더니 |

1. 친구가 휴대폰을 저에게 **주더니** 사진을 찍어달라고 했어요.
2. 유리 씨가 낮에 커피를 많이 **마시더니** 잠이 안 오나 봐요.
3. 타쿠야 씨가 처음 한국에 왔을 때는 매운 음식을 잘 못 **먹더니** 이제는 잘 먹네요.
4. 동생이 선물을 **받더니** 아주 신나 했다.

1. 앞 절과 뒤 절의 주어가 같거나, 주제가 같아야 해요.
   The subject of both clauses must be the same, or at least the topic must be consistent.
   이리나가 우산을 챙기더니 (이리나가) 밖으로 나갔다.(O)　　비가 내리더니 눈이 온다.(O)
   이리나가 우산을 챙기더니 흐엉이 밖으로 나갔다.(X)　　비가 내리더니 졸린다.(X)

2. 2, 3인칭 주어와 함께 사용해요. 자신을 객관적으로 볼 때나 나의 기분, 몸 상태에는 1인칭으로 사용할 수 있어요.
   This is used with second or third person subjects. It can be used with first person subjects only when referring objectively to one's condition or feelings.
   예) 민수가 열심히 공부하더니 1등을 했다.
   　　아침에는 머리가 아프더니 오후에는 괜찮아졌다.

연습 1 배운 문법을 사용하여 대화를 완성해 보세요

1. 가: 영수 씨, 유리 씨 좀 바꿔 주세요.

   나: 조금 전에 침대에 _____ *잠들었어요. 전화 왔다고 전해 줄게요.

2. 가: 아이가 중학교에 잘 다니고 있어요?

   나: 네, 중학교에 _____ 친구도 많이 생기고 활발해졌어요.

3. 가: 일본어를 배워 보니까 어때요?

   나: 한국어와 비슷해서 처음에는 _____ 배울수록 어렵네요.

4. 가: 이 아이가 *딸이에요? 키가 큰 편이네요.

   나: 어릴 때는 키가 _____ 지금은 저보다 커요.

5. 가: 김 선배가 병원에 입원했다면서요? 무슨 일이에요?

   나: 여자 친구하고 헤어져서 매일 술을 _____ 병이 난 거죠.

6. 가: 안나 씨가 춤을 정말 잘 추네요.

   나: 그렇지요? 매일 춤을 _____ 저렇게 춤 실력이 좋아졌어요.

7. 가: 지금도 머리가 아파요?

   나: 아침에는 머리가 _____ 약을 먹고 지금은 다 나았어요.

8. 가: 저, 드디어 새 오토바이를 샀어요.

   나: 1년 동안 아르바이트를 하면서 돈을 _____ 결국 원하던 오토바이를 *손에 넣었군요.

새 어휘   잠들다 To fall asleep   딸 Daughter   손에 넣다 To get

5과 저는 우리나라를 사랑하므로 대통령이 되겠습니다.

문법 2

V/A-거니와

- 앞 내용을 인정하면서 거기에 더해 뒤 내용을 덧붙일 때 사용해요.
  This expression is used to acknowledge the first clause and then add more information in the second clause.

동사	받침 O	–거니와	맞다: 맞 + –거니와 → 맞거니와
형용사	받침 X		피곤하다: 피곤하 + –거니와 → 피곤하거니와

1. 일도 적성에 **맞거니와** 안정적이어서 만족하고 있습니다.
2. 몸도 **피곤하거니와** 날씨도 추워서 주말에는 집에서 쉬고 싶다.
3. 어제 회식 후에 스트레스도 **풀렸거니와** 동료와도 친해졌다.
4. 그 영화는 배우들의 연기도 **훌륭하거니와** 흥미로운 줄거리로 많은 사랑을 받고 있다.

Tip!
앞의 내용이 긍정적인 내용이면 뒤의 내용도 긍정적인 내용이, 앞의 내용이 부정적인 내용이면 뒤의 내용도 부정적인 내용이 와요.
If the first clause is positive, the second clause is also positive. If the first clause is negative, the second will also be negative.
예) 영수 씨는 성격도 좋거니와 성실하다.
영수 씨는 성격도 안 좋거니와 성실하지도 않다.

친구와 이야기해 보세요.

질문	대답
1. 영업을 잘하려면 어때야 합니까?	
2. 어렸을 때는 어떤 아이였습니까?	
3. 최근에 본 영화나 드라마는 무엇입니까? 그것은 어땠습니까?	
4. 요즘 어떤 운동을 합니까? 그 운동을 하는 이유는 무엇입니까?	
5. 건강에 좋은 음식 재료는 무엇입니까? 그 재료는 몸에 어떻게 좋습니까?	

연습 1 배운 문법을 사용하여 대화를 완성해 보세요.

1. 가: 미영 씨가 회사에서 잘렸다면서요?

   나: 네, 늦잠 때문에 회사에도 자주 _____ 일할 때 실수도 너무 많았대요.

2. 가: 어제 왜 출근 안 했어요?

   나: 머리도 _____ 집에 일도 있었거든요..

3. 가: 신랑의 어떤 점이 좋아서 결혼을 *결심하게 됐어요?

   나: 얼굴도 _____ 마음도 넓은 사람이라서 좋았어요.

4. 가: 오늘 퇴근 후에 *한잔하자.

   나: 미안해. 오늘은 시간도 _____ 피곤하네.

5. 가: 노래 대회에 나가 보는 게 어때요?

   나: 저는 노래도 _____ 그런 데는 부끄러워요.

6. 가: 제임스 씨, 한국 여름은 어때요?

   나: 한국 여름은 날씨도 _____ 습해요.

7. 가: 어제 소개팅한 사람은 어땠어?

   나: 사진하고 얼굴도 _____ 스타일도 별로더라.

8. 나는 봄을 가장 좋아한다.

   봄은 꽃이 피어서 경치도 _____ 날씨가 아주 *포근하기 때문이다.

새 어휘 결심하다 To make up one's mind   한잔하다 To have a drink   포근하다 To be cozy

문법 3

V/A-(으)므로

- 앞 내용이 뒤 내용의 원인이나 이유를 나타낼 때 사용해요.
  This is used to express the cause or reason for the following clause.

동사	받침 O	-으므로	먹다: 먹 + -으므로 ➡ 먹으므로
형용사	받침 X	-므로	싸다: 싸 + -므로 ➡ 싸므로

1. 담배는 건강에 안 **좋으므로** *금연을 해야 합니다.
2. 이 학생은 시험에서 좋은 성적을 **받았으므로** 이 상을 드립니다.
3. 고객님의 실수로 의자의 다리가 **부러졌으므로** 교환이 안 됩니다.
4. 아직 **학생이므로** 취업보다는 공부에 신경을 써야 한다.

 일상적인 대화보다는 서류, 뉴스, 발표, 글쓰기 같이 격식적이고 논리적인 상황에서 주로 사용해요.
It is used more in formal, logical situations such as documents, news, presentations, or written texts rather than in everyday conversations.

기자가 되어 친구를 인터뷰해 보세요.

질문	대답
1. 어떻게 한국에 오게 되셨습니까?	
2. 겨울에는 어떤 병에 걸리기가 쉽습니까?	
3. 여러분의 고향에서 사람들이 많이 찾는 장소는 어디이며 그 이유는 무엇입니까?	
4. 놀이기구 타는 것을 좋아하십니까? 그 이유는 무엇입니까?	
5. 활발한 성격의 사람들은 어떤 *분야의 일을 하는 것이 잘 맞습니까?	

연습 1 〈보기〉에서 알맞은 어휘를 골라 문장을 완성해 보세요.

| 보기 | 내리고 있다 | 수리할 예정이다 | 다 팔렸다 | 일어나다 | 방해가 되다 |

1. 현재 서울에 많은 눈이 _____ 가능하면 대중교통을 이용해 주시기 바랍니다.

2. 이곳은 여름에 물에 빠지는 사고가 자주 _____ 주의하시기 바랍니다.

3. 내일 오전 6시부터 8시까지 엘리베이터를 _____ 불편하시더라도 계단을 이용해 주십시오.

4. 공연 중의 휴대폰 사용은 다른 사람에게 _____ 휴대폰은 꺼 놓아 주시기를 부탁드립니다.

5. 죄송합니다. 행사 상품은 _____ 더 이상 구입하실 수 없습니다.

연습 2 아래는 건강에 대한 잘못된 상식을 알려주는 건강 뉴스입니다. 〈보기〉에서 알맞은 어휘를 골라 글을 완성해 보세요.

| 보기 | 상하게 하다 | 낫지 않다 | 먹게 되다 | 튼튼해지다 |

〈건강 뉴스 : 건강에 대한 잘못된 *상식〉

1. 감기에 걸리면 약을 먹어야 한다?
   ➡ 약을 자꾸 먹다 보면 우리 몸이 약에 적응하여 병이 잘 _____ 가벼운 감기에는 약을 먹는 대신 잘 쉬고 물을 자주 마시는 게 좋다.

2. 운동은 매일 해야 효과가 좋다?
   ➡ 운동 후에 잘 쉬어야 근육도 잘 생기고 몸이 더 _____ 운동은 일주일에 3-5번만 해도 충분하다.

3. 아침을 안 먹으면 살이 빠진다?
   ➡ 아침을 안 먹으면 배가 고파 점심이나 저녁을 많이 _____ 아침은 먹는 것이 좋다.

4. 콜라나 사이다를 마신 후에 이를 닦아야 한다?
   ➡ 콜라, 사이다를 마시자마자 이를 닦는 것은 오히려 이를 _____ 마시고 3-40분 후에 이를 닦는 게 좋다.

새 어휘 미끄럽다 To be slippery   금연 No smoking   분야 Field   상식 Common sense

말하기

빈 슨: 이것 좀 봐. 우리 아빠가 어렸을 때 그린 거래.
나타완: 그림이 귀엽다. 그런데 아래에 뭐라고 쓰여 있어?
빈 슨: '저는 우리나라를 사랑하므로 대통령이 되겠습니다.'라고 쓰여 있어. 와, 대통령이라니, 우리 아빠 꿈도 참 크지?
나타완: 전에는 선생님이나 대통령이 되고 싶은 아이들이 많았다더라.
빈 슨: 나는 의사가 되고 싶었는데……. 그런데 요즘 아이들에게 인기 있는 직업은 뭘까?
나타완: 내가 신문 기사에서 보니까 제일 인기 있는 직업은 *연예인이나 *스포츠 선수래. 사람들에게 사랑도 많이 받거니와 성공하면 돈도 많이 벌 수 있잖아.

빈 슨: 그렇구나. 아, 너 '빅데이터 전문가'라는 직업이 *뜬다는 이야기 들었어?
나타완: 들어본 적은 있어. 무슨 일을 하는 건데?
빈 슨: 인터넷에 있는 자료들을 모으고 *분석해서 *기업에 필요한 자료를 제공하고 앞으로의 일을 예측하는 전문직이지.
나타완: 어려워 보이지만 현대 사회에 꼭 필요한 직업이네. 그런데 너는 무슨 일을 하고 싶어?
빈 슨: 나는 학교 선생님이 되고 싶어. 일이 안정적이기도 하고 퇴근 시간이 규칙적이니까 일과 사생활의 균형도 잘 맞을 것 같아.
나타완: 너는 전부터 친구들 가르쳐 주는 걸 즐기더니 결국 선생님이 되기로 했구나.

연습 1 대화를 듣고 질문에 대답해 보세요.

1. 빈슨 아버지의 꿈은 무엇이었습니까?
2. 요즘 아이들은 왜 연예인이나 스포츠 선수가 되고 싶어 합니까?
3. 빅데이터 전문가는 기업에 필요한 자료를 제공하기 위해 어떤 일을 합니까?
4. 빈슨은 왜 선생님이 되면 일과 사생활의 균형이 잘 맞을 거라고 생각합니까?

연습 2 아래 어휘를 사용하여 친구와 대화 연습을 해 보세요.

우리나라를 사랑하다	행복한 나라를 만들고 싶다	좋은 나라를 만들 수 있다
사람들에게 사랑도 많이 받다	유명해질 수 있다	많은 사람들이 알아봐 주다
기업에 필요하다	사람들이 *요구하다	문제 해결에 필요하다
친구들 가르쳐 주는 걸 즐기다	학교 생활을 좋아하다	선생님들을 존경한다고 하다

연습 3 직업을 하나 골라 그 직업이 어울리는 성격과 그 일을 하기 위해 준비해야 할 것을 이야기해 보세요.

초등학교 선생님 되려면 아이들을 가르치기 위한 지식은 물론이거니와 아이들을 사랑하는 마음이 필요합니다. 아이들을 만나므로 친절한 성격의 사람에게 잘 맞습니다. 관련 학과나 대학교에 진학해서 자격증을 따야 합니다. 그리고 대학생 때 학교에 가서 직접 학생들을 가르쳐 보는 경험을 하는데 이것을 *실습이라고 합니다. 그리고 대학교를 졸업한 후에 시험을 보고 합격을 하면 초등학교 선생님이 될 수 있습니다.

직업
선생님, 승무원, 의사, 호텔 직원, 요리사, 연예인, 공무원…

성격
꼼꼼하다, 활발하다/*내성적이다, 안정적인 것을 좋아한다/변화를 좋아한다, 친절하다, 재미있다…

준비해야 할 것
자격증을 딴다, 학원 등에서 필요한 것을 배운다, 아르바이트를 하면서 경험을 쌓는다…

새 어휘
연예인 Celebrity　　스포츠 Sports　　뜨다 To become popular　　분석하다 To analyze　　기업 Company
요구하다 To demand　　실습 Internship　　내성적 To be introverted

듣기

준비 사람들은 무엇 때문에 회사에서 스트레스를 받습니까?

연습 1 잘 듣고 맞으면 O, 틀리면 X 표시해 보세요.

1. 아내는 요즘 중요한 일을 맡아서 기분이 좋다. O X

2. 회사에서는 아내의 능력을 인정하고 있다. O X

3. 아내는 맡은 일을 열심히 하는 사람이다. O X

4. 남편은 아내가 회사를 그만두어야 한다고 생각한다. O X

5. 아내는 오늘 밤에도 늦게까지 일을 할 계획이다. O X

연습 2 다시 한번 잘 듣고 질문에 맞는 답을 해 보세요.

1. 들은 내용과 일치하지 않는 것을 고르십시오.
   ① 여자는 승진을 하고 싶어 한다.
   ② 여자는 중요한 일을 맡아서 책임감을 느낀다.
   ③ 남편은 맡은 일을 열심히 해야 한다고 조언한다.

2. 두 사람은 이 대화 후에 무엇을 할 것입니까?
   _____

3. 여러분이 남편이라면 어떻게 아내를 격려해 주겠습니까?
   _____

연습 3 잘 듣고 빈칸을 채워 보세요.

1. 지난번에는 _____ 요즘은 계속 얼굴도 어둡고 *의욕도 없어 보여요.

2. 그 일이 아주 중요한 일이라서 잘 끝내고 싶은데 제가 _____ 회의도 많아서 좀 지치네요.

3. 다시 말해 '일하지 않는 _____ 일할 때는 일하고 쉴 때는 쉬어야 한다'라는 말 아닐까요?

4. 제가 마음이 급해서 _____ 스트레스를 많이 받은 것 같아요.

새 어휘 의욕 Desire   알아주다 To be acknowledged   -간 Between   책임감 Sense of responsibility

5과 저는 우리나라를 사랑하므로 대통령이 되겠습니다.

읽기

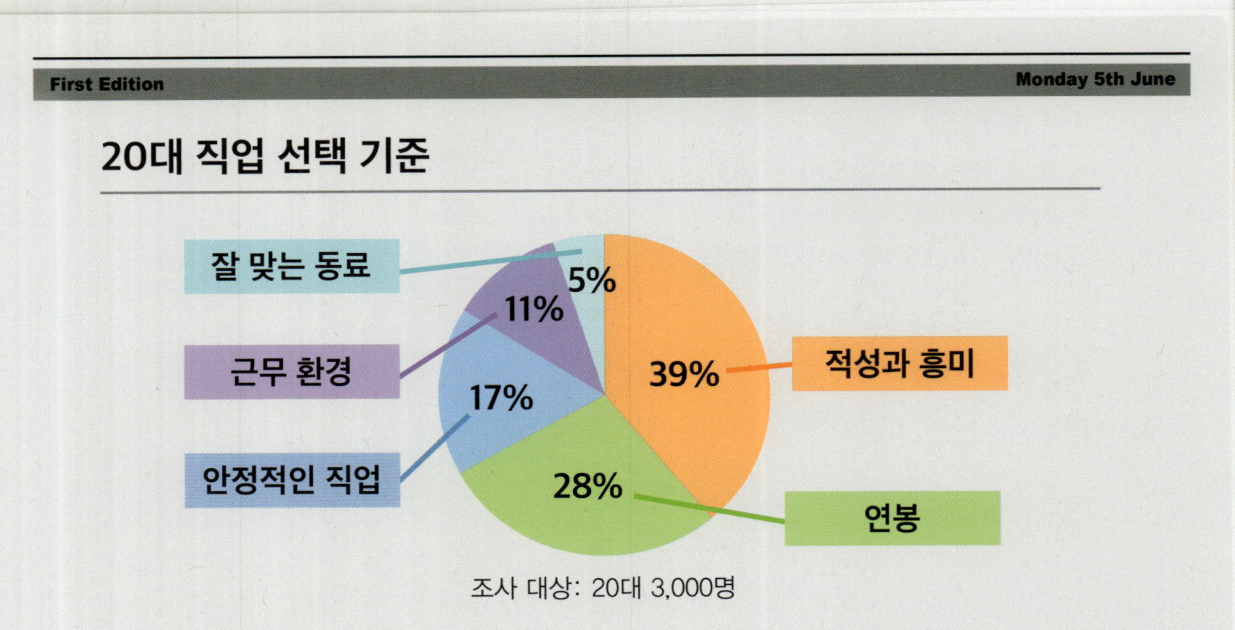

직업을 선택할 때의 기준은 연봉, 적성, 근무 환경 등 매우 다양하다.

최근 취업을 준비하는 20대 3,000명을 대상으로 직업을 선택할 때의 기준에 대해 조사했다. 조사 결과 적성과 *흥미라고 *응답한 사람이 39%로 1위를 *차지했다. 그 다음으로 연봉이라고 응답한 사람이 28%로 2위를 차지했고 안정적인 직업이 17%, 근무 환경이 11%로 그 뒤를 *이었으나 잘 맞는 동료라고 응답한 사람은 5%에 *불과했다. 조사 결과에서 재미있는 점은 지난 조사 결과에서는 연봉을 가장 중요하게 생각하더니 이번에는 적성과 흥미를 1위로 *꼽았다는 점이다. 이번 조사 결과 20대들은 직업을 고를 때 자신이 잘할 수 있고 좋아하는 일을 가장 중요하게 여긴다는 것을 알 수 있다. 일을 생활의 한 부분으로서 즐기면서 하고 싶다고 생각하게 된 것이다.

세상에는 매우 다양한 직업이 있고 직업 선택의 기준은 사람마다 다르다. 한 가지 조건만 보고 직업을 골랐다가 후회하게 될 수도 있으므로 직업을 선택할 때는 여러 가지 조건을 잘 생각해 봐야 한다. 우리는 하루의 많은 시간을 회사에서 보내거니와 직업은 매우 중요하기 때문에 자신에게 맞는 직장을 골라야 한다.

새 어휘 흥미 Interest   응답하다 To respond   차지하다 To account for   잇다 To follow/connect
불과하다 To be only   꼽다 To pick

연습 1 글을 읽고 질문에 대답해 보세요.

1. 20대가 가장 중요하게 생각하는 직업 선택의 기준은 무엇입니까?

   _____

2. 이번 조사 결과는 지난번의 조사 결과와 비교해 가장 중요한 직업 선택의 기준이 어떻게 다릅니까?

   _____

3. 자신에게 맞는 직장을 골라야 하는 이유는 무엇입니까?

   _____

 위에서 나온 것 외에 직업을 선택할 때의 중요한 기준은 어떤 것이 있는지 이야기해 보세요.

쓰기

여러분이 직업을 선택하는 기준은 무엇인지 써 보세요.

※189P에 에 '-(느)ㄴ다'를 사용하여 300~400자의 글로 완성해 보세요.

1. 직업 선택 기준 3가지는 무엇입니까?

2. 그 이유는 무엇입니까?

3. 그 기준에 맞는 직업에는 무엇이 있습니까?

6과

내일은 5월 15일 스승의 날이잖아.

여러분이 알고 있는 한국의 기념일이 있어요? 이야기해 보세요.	
어휘와 표현	한국의 기념일
문법	V/A-기는커녕
	V-(으)려야 V-(으)ㄹ 수가 없다
	V-는 통에
말하기	선생님께 생강차하고 예쁜 컵을 하나 사 드리는 건 어때?
듣기	세종대왕은 백성들을 안타깝게 여겨 한글을 만들고 널리 사용하게 했다.
읽기	한국에서는 10월 3일 개천절을 국경일로 지정했다.
쓰기	여러분 나라에서 가장 중요한 기념일에 대해 써 보세요.
한국어 더하기	유의어

어휘와 표현

한국의 기념일 Korean national and cultural observances

스승의 날 (5월 15일)
Teachers' Day

어버이날 (5월 8일)
Parents' Day

어린이날 (5월 5일)
Children's Day

한글날 (10월 9일)
Hangul Day

개천절 (10월 3일)
National Foundation Day

광복절 (8월 15일)
Liberation Day

국경일 National holiday	공식 행사 Official event
태극기/카네이션을 달다 To hang the Korean flag/wear a carnation	지정되다 To be designated
의식을 행하다 To hold a ceremony	감사를 표하다 To express gratitude

💬 한국에서 국경일로 지정되어 있는 날을 이야기해 보세요.

💬 여러분이 다닌 학교에서 하는 공식 행사는 어떤 것이 있었습니까?

💬 부모님께 감사를 표할 수 있는 방법은 무엇이 있습니까?

연습 1 그림과 어울리는 한국의 기념일을 〈보기〉에서 찾아 이름과 날짜를 써 보세요.

| 보기 | 스승의 날 | 어버이날 | 어린이날 | 한글날 | 개천절 | 광복절 |

1. _____ (월 일)
2. _____ (월 일)
3. _____ (월 일)
4. _____ (월 일)
5. _____ (월 일)
6. _____ (월 일)

연습 2 〈보기〉에서 알맞은 어휘를 골라 문장을 완성해 보세요.

| 보기 | 국경일 | 공식 행사 | 달다 | 지정되다 | 행하다 | 표하다 |

1. 버스 정류장은 금연 장소로 _____ 아/어 있다.

2. 명절에는 *일정한 순서에 따라 *차례 의식을 _____ .

3. 스승의 날에 나는 선생님께 감사를 _____ 기 위한 편지를 썼다.

4. 내일부터 축제의 시작을 알리는 _____ 이/가 열리는데 여러 가수들도 참석한다.

5. _____ 은/는 나라에서 *법으로 정한 기념일로 광복절, 개천절, 한글날 등이 있다.

6. 개천절이나 광복절에는 집 앞에 태극기를 _____ 아/어 *국가에 대한 애정과 이 날을 기념하려는 마음을 표현합니다.

새 어휘 일정하다 To be fixed   차례 Ancestral rite   법 Law   국가 Nation

문법 1

V/A-기는커녕

- 앞의 말을 강조하여 뒤의 상황까지 부정할 때 사용해요.
  This expression is used to indicate that if the first situation is impossible, then the second situation, which is even simpler or more basic, is certainly impossible as well.

동사 형용사	받침 O	−기는커녕	즐겁다:	즐겁 + −기는커녕	→ 즐겁기는커녕
	받침 X		오르다:	오르 + −기는커녕	→ 오르기는커녕
명사	받침 O	+은커녕	저녁:	저녁 + 은커녕	→ 저녁은커녕
	받침 X	+는커녕	메시지:	메시지 + 는커녕	→ 메시지는커녕

1. 강아지를 무서워해서 **안기는커녕** 만지지도 못해요.
2. 이번 시험 성적이 **오르기는커녕** 더 떨어졌는데 어떡하죠?
3. 형이 동생의 공부를 **도와주기는커녕** 오히려 방해하고 있다.
4. 제 생일인데 친구에게 **선물은커녕** 축하 인사도 못 받았어요.

💬⁺ 그림을 보고 질문에 대해 알맞은 대답을 해 보세요.

1)
한국 음식   고향 음식

한국 음식을 만들 줄 알아요?

2)

아기가 이제 뛸 수도 있어요?

3)

파티에 친구들이 10명쯤 왔어요?

4)

얼굴을 그려 줘서 친구가 좋아하지요?

연습 1 배운 문법을 사용하여 대화를 완성해 보세요.

1. 가: 떡볶이 만드는 법 좀 알려줄래요?

   나: 네? 저는 _____ 라면도 잘 못 끓여요.

2. 가: 친구에게 돈을 *갚으라고 말해 봤어요?

   나: 네, 하지만 _____ 자기를 못 믿는다고 화를 내던데요.

3. 가: 자동차 살 돈은 다 모았어요?

   나: 아니요, 이 돈으로는 _____ 오토바이도 못 살 걸요.

4. 가: 저 가게에서 세일하니까 많이 저렴하겠지요?

   나: _____ 다른 가게들보다 더 비싸던데요.

5. 가: 다이어트를 한다더니 잘 되고 있니?

   나: 말도 마. 살이 _____ 오히려 2kg이 더 늘었어.

6. 가: 네가 만든 음식을 동생들이 맛있게 먹었어?

   나: _____ 입에 안 맞는다고 반도 안 먹더라.

7. 가: 요즘도 매일 *조깅을 해요?

   나: 아니요. 일이 많아서 _____ 일주일에 한 번도 못해요.

8. 가: 이제 일도 구했는데 *저축은 잘하고 있어?

   나: 아니요, 월급이 적어서 _____.

새 어휘 갚다 To pay back   조깅 Jogging   저축 Savings

문법 2

V-(으)려야 V-(으)ㄹ 수가 없다

- 앞에서 나타낸 의도와 달리 아무리 노력해도 그렇게 되지 않거나 그렇게 할 수 없는 상황일 때 사용해요.
  This is used when the result contradicts the intended action, no matter how hard one tries.

동사	받침 O	–으려야 –을 수가 없다	찾다:	찾 + –으려야 찾 + –을 수가 없다 → 찾으려야 찾을 수가 없다
	받침 X	–려야 –ㄹ 수가 없다	주다:	주 + –려야 주 + –ㄹ 수가 없다 → 주려야 줄 수가 없다

1. 지갑이 어디에 있는지 **찾으려야 찾을 수가 없어요**.
2. 서로 시간이 맞지 않아서 선물을 **주려야 줄 수가 없었다**.
3. 너무 시끄러워서 이야기를 **들으려야 들을 수가 없어요**.
4. 요즘 너무 바빠서 아이와 **놀아 주려야 놀아 줄 수가 없어요**.

💬⁺ 다음 상황에서 절대 할 수 없는 것은 무엇인지 이야기해 보세요.

보기
눈이 많이 오다
→ 눈이 많이 와서 자전거를 타려야 탈 수가 없어요.

- 날씨가 무덥다
- 머리가 너무 아프다
- 돈이 하나도 없다
- 길이 차들로 매우 붐비다
- 눈이 아주 나쁘다

연습 1 배운 문법을 사용하여 대화를 완성해 보세요.

1. 가: 음식이 많은데 좀 더 드세요.

   나: 아니에요. 배가 *차서 더 이상 _____.

2. 가: 작년에 선물 받은 *블라우스는 왜 안 입으세요?

   나: 저도 입고 싶은데 살이 쪄서 _____.

3. 가: 어제 모임에 왜 안 왔어요? 왔으면 좋았을 텐데요.

   나: 갑자기 손님이 오셔서 _____.

4. 가: 힘내요. 조금만 더 걸으면 *산꼭대기예요.

   나: 다리가 아파서 지금은 _____. 5분만 쉬어요.

5. 가: 일이 너무 많은데 좀 도와줄래?

   나: 미안해. 나도 지금 일이 너무 많아서 _____(으)ㄹ 것 같아.

6. 가: 친구에게 미안하다고 사과했어요?

   나: 아니요, 보자마자 화를 내니까 _____.

7. 가: 엄마. 저 불고기가 먹고 싶어요.

   나: 재료가 없어서 불고기를 _____는데 엄마하고 시장에 갔다 오자. 엄마가 만들어 줄게.

8. 가: 이거 프랑스어로 쓰여 있는데 무슨 *뜻이야?

   나: 글씨가 작아서 _____. 내 안경 좀 갖다 줘.

새 어휘　　차다 To be full　　블라우스 Blouse　　산꼭대기 Mountaintop　　뜻 Meaning

문법 3

V-는 통에

- 뒤에 오는 나쁜 결과가 생기게 된 상황이나 이유를 나타낼 때 사용해요.
  This is used to explain the background or reason behind a negative outcome.

동사	받침 O	–는 통에	열어 놓다: 열어 놓 + –는 통에 ➡ 열어 놓는 통에
	받침 X		서두르다: 서두르 + –는 통에 ➡ 서두르는 통에

1. 친구가 빨리 서두르라고 **하는 통에** 휴대폰을 집에 두고 왔어요.
2. 아이들이 계속 **먹는 통에** 나도 계속 음식을 만들어야 했어요.
3. 신입 사원이 쉬지 않고 **묻는 통에** 내 일을 할 시간이 부족했다.
4. 눈이 **내리는 통에** 비행기가 출발하지 못하고 있습니다.

💬⁺ 다음 결과를 보고 원인을 추측해서 말해 보세요.

> **보기**
> 기차를 놓치다.
> ➡ 길이 막히는 통에 기차를 놓쳤어요.

결과	원인
1. 공부에 집중할 수 없다.	
2. 한국어 시험을 *망쳤다.	
3. 음식이 모두 상해 버렸다.	
4. 잠을 잘 못 잤다.	

연습 1 배운 문법을 사용하여 대화를 완성해 보세요.

1. 가: 어제 회사 앞에 유명한 가수가 왔다면서요? 봤어요?

   나: 네, 그런데 옆에 있는 사람들이 정신없이 사진을 _____ 제대로 보려야 볼 수가 없었어요.

2. 가: 옷이 왜 이렇게 *젖었어요?

   나: 갑자기 비가 _____ 옷이 다 젖어 버렸어요.

3. 가: 우리 카페에 가서 공부할래요?

   나: 카페는 사람들이 시끄럽게 _____ 집중이 잘 안 돼요.

4. 가: 벽이 *지저분하네요.

   나: 애들이 자꾸 벽에 그림을 _____ 점점 더 더러워지고 있어요.

5. 가: 어? 바지가 찢어졌네요.

   나: 네, 집에 오는데 지나가는 사람들이 _____ 너무 *창피하더라고요.

6. 가: 피곤해 보이는데요.

   나: 아기가 배고프면 울고, 심심하면 울고, 더우면 울고 자꾸 _____ 저는 쉴 시간이 하나도 없어요.

7. 가: 이 식당은 예약할 때 돈을 미리 계산해야 한대.

   나: 예약한 사람들이 연락도 없이 _____ 피해를 많이 입었다고 하더라.

8. 가: 그렇게 많던 볼펜이 다 어디로 갔어요? 하나도 없네요.

   나: 손님들이 하나씩 _____ 하나도 안 남았어요.

새 어휘   차다 To be cold   망치다 To mess up   젖다 To get wet   지저분하다 To be messy
창피하다 To be embarrassed

말하기

타쿠야: 내일 나하고 우리가 다녔던 고등학교에 안 갈래?
이리나: 갑자기 거긴 왜?
타쿠야: 왜냐니. 내일은 5월 15일, 스승의 날이잖아.
이리나: 아, 그렇구나! 요즘 *중간고사 기간이라 시험에만 신경을 쓰는 통에 잊어버리고 있었어.
타쿠야: 그럴 수도 있지. 내일 시간을 내서 나랑 선생님을 찾아뵙고 카네이션도 달아 드리자.
이리나: 좋아. 감사를 표하는 의미로 선물도 하나 준비하는 건 어때?
타쿠야: 그러자. 그런데 선생님께서 뭘 좋아하셨지?
이리나: 선생님은 자동차를 좋아하셨는데.

타쿠야: 뭐? 자동차는 너무 비싸서 우리 *수준에는 *도저히 사려야 살 수가 없다고.
이리나: 하하. 뭘 그렇게 놀라니? *당연히 농담이지. 선생님께 '*스승의 은혜'를 불러 드리면 좋아하시지 않을까?
타쿠야: 너 내가 노래 못 부르는 거 몰라? 선생님께서 내 노래를 들으시면 기뻐하시기는커녕 더 힘들어하실걸.
이리나: 참, 그랬지. 안 되겠다.
타쿠야: 그러지 말고 선생님께서 목을 많이 사용하시니까 목에 좋은 사탕하고 목도리를 하나 사 드리는 건 어때?
이리나: 좋아. 그럼 수업 끝나고 나랑 선물하고 꽃을 사러 가자.

연습 1 대화를 듣고 질문에 대답해 보세요.

1. 타쿠야는 왜 내일 선생님을 찾아뵈려고 합니까?
2. 이리나는 요즘 무엇에 신경을 쓰고 있습니까?
3. 타쿠야는 왜 선생님께 노래를 불러 드리지 않으려고 합니까?
4. 두 사람은 선생님의 선물로 무엇을 준비해야 합니까? (2개 이상)

연습 2 아래 어휘를 사용하여 친구와 대화 연습을 해 보세요.

시험에만 신경을 쓰다	시험 준비에만 집중하다	매일 시험 보러 다니다
사다	선물하다	드리다
기뻐하시다	고맙게 여기시다	좋아하시다
사탕/목도리	*영양제/비타민	*생강차/예쁜 컵

연습 3 여러분의 고향에서 가족과 관계있는 기념일을 소개하고 그날 무엇을 하는지 이야기해 보세요.

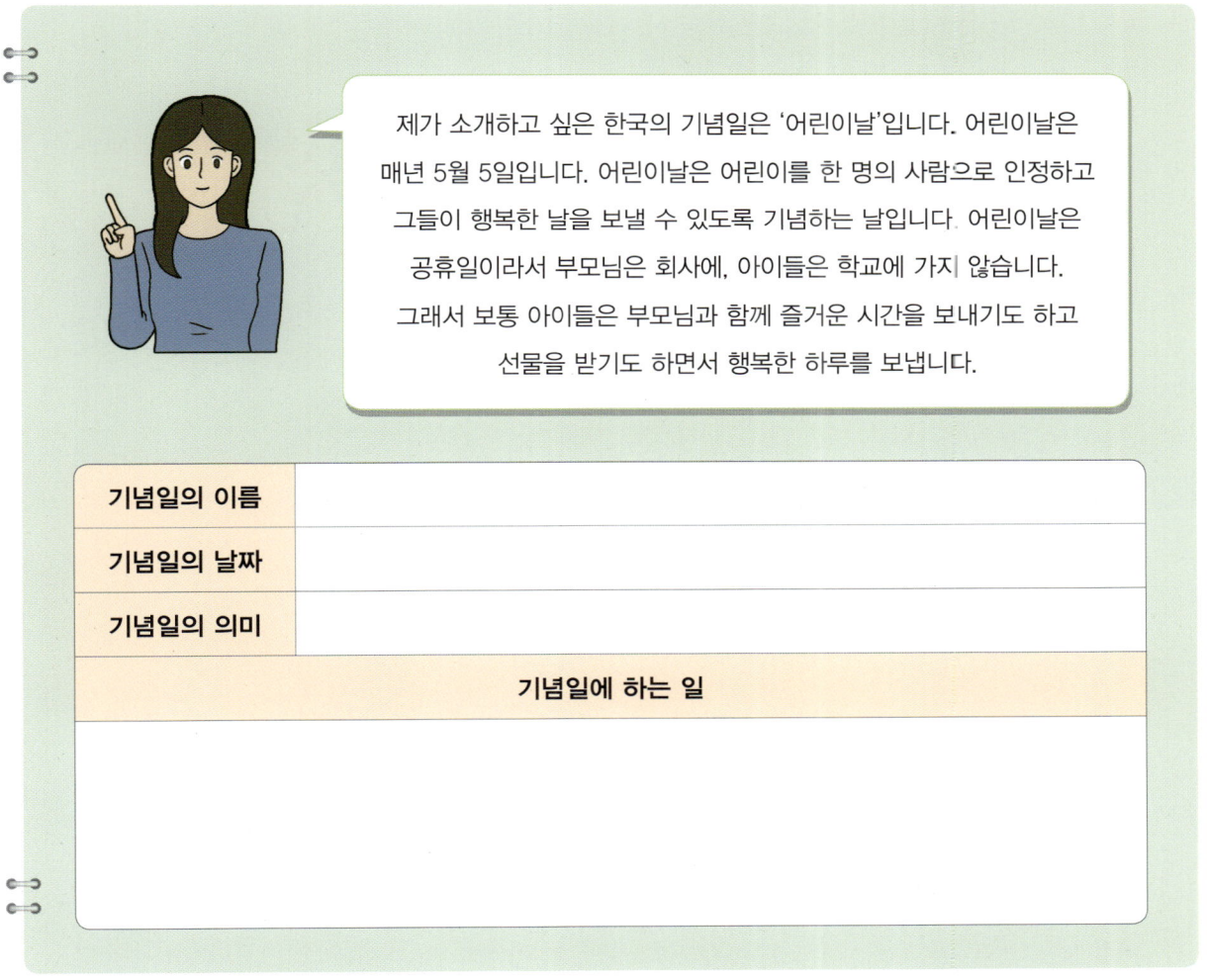

제가 소개하고 싶은 한국의 기념일은 '어린이날'입니다. 어린이날은 매년 5월 5일입니다. 어린이날은 어린이를 한 명의 사람으로 인정하고 그들이 행복한 날을 보낼 수 있도록 기념하는 날입니다. 어린이날은 공휴일이라서 부모님은 회사에, 아이들은 학교에 가지 않습니다. 그래서 보통 아이들은 부모님과 함께 즐거운 시간을 보내기도 하고 선물을 받기도 하면서 행복한 하루를 보냅니다.

기념일의 이름	
기념일의 날짜	
기념일의 의미	
기념일에 하는 일	

새 어휘

중간고사 Midterm exam　　수준 Level　　도저히 Absolutely not　　당연히 Of course
스승의 은혜 The grace of a teacher　　영양제 Nutritional supplements　　생강차 Ginger tea

듣기

준비 한글날에는 어떤 행사가 열립니까?

연습 1 잘 듣고 맞으면 O, 틀리면 X 표시해 보세요.

1. 한글이 없었을 때는 한국에 글을 쓰고 읽을 줄 아는 사람이 없었다.　　O　X

2. 세종대왕은 10월 9일을 한글날로 정했다.　　O　X

3. 세종대왕은 글자를 모르는 백성들을 *안타깝게 생각했다.　　O　X

4. 한글날에 *국립한글박물관에서 한글 체험 행사가 열린다.　　O　X

5. 한글날에는 외국인들이 함께할 수 있는 행사들도 있다.　　O　X

연습 2 다시 한번 잘 듣고 질문에 맞는 답을 해 보세요.

1. 다음 일이 일어난 순서를 써 보세요.

   가. 10월 9일이 한글날로 지정됐다.

   나. 한글이라는 이름을 사용하기 시작했다.

   다. 글을 못 읽는 백성들을 위해 한글을 만들어 사용하게 했다.

   라. 한국말을 글로 써야 할 때 한자를 사용했다.

   (　　　) → (　　　) → (　　　) → (　　　)

2. 한글날을 기념하는 행사가 아닌 것을 고르십시오.

   ① 한글 체험　　② 한글 전시　　③ 글자 만들기　　④ 한국어 말하기 대회

연습 3 잘 듣고 빈칸을 채워 보세요.

1. 다른 나라의 글자를 사용하는 통에 공부를 할 기회가 없었던 백성들 대부분은 글자를 _____.

2. 공부를 많이 해서 글자를 읽고 쓸 줄 알았던 양반들 중 일부는 _____ _____ 지식을 나쁘게 이용했다.

3. 국경일인 한글날은 한글을 만든 날을 기념하고 _____ 다시 생각해 보는 날이다.

4. '외국인 한국어 말하기 대회'나 '쓰기 대회' 등 _____ 참여하여 한글날을 기념해 보는 것도 좋겠다.

새 어휘　안타깝다 To be unfortunate　　국립 National　　이익 Profit　　널리 Widely　　선생 Scholar/Master
　　　　　국어 Korean language　　과학적 To be scientific　　참여하다 To participate

읽기

개천절

　옛날 하늘에는 하늘의 왕인 환인과 그의 아들 환웅이 살고 있었다. 환웅은 *인간 세상에 관심이 많았는데 인간 세상은 전쟁이 계속되는 통에 모두 힘들어하고 있었다. 환웅은 널리 인간들이 *잘 살게 하고자 비, 바람, 구름을 데리고 땅으로 내려왔다. 환웅은 사람들에게 *농사짓는 법을 알려주고 인간 세상의 중요한 일을 맡아서 했는데 그때부터 사람들은 행복하게 살게 되었다.

　어느 날 곰과 호랑이가 환웅을 찾아와 사람이 되고 싶다고 했다. 환웅은 곰과 호랑이에게 어두운 *동굴 안에서 *쑥과 *마늘만 먹으면서 100일을 참으면 사람이 될 수 있다고 했다. 그날부터 동굴에 들어가 쑥과 마늘만 먹으면서 지내기 시작했다. 하지만 배도 고프고 답답했던 호랑이는 더 있으려야 있을 수가 없어 중간에 밖으로 나가 버렸다. 반면에 100일을 잘 참은 곰은 예쁜 여자로 변했는데 사람들은 그 여자를 '웅녀'라고 불렀다.

　웅녀는 환웅과 결혼해서 단군왕검을 *낳았다. 단군왕검은 자라서 *기원전 2333년 10월 3일, 나라를 세웠는데 이 나라가 바로 지금의 한국에 세워진 *최초의 나라 고조선이다. 그래서 한국에서는 10월 3일 개천절을 국경일로 지정하고 집 앞에 태극기를 달아 기념한다.

새 어휘 인간 Human　잘 살다 To live well　농사짓다 To farm　동굴 Cave　쑥 Mugwort　마늘 Garlic
낳다 To give birth　기원전 B.C.　최초 First

연습 1 글을 읽고 질문에 대답해 보세요.

1. 다음을 읽고 이름을 써 보세요.

> 하늘의 왕인 _____에게는 아들인 _____이/가 있었다.
> 인간 세계에 내려온 _____은/는 나중에 _____와/과
> 결혼해서 아들인 _____을/를 낳는다.

2. 곰은 어떻게 사람이 될 수 있었습니까?

_____

3. 개천절은 무슨 날입니까?

_____

여러분 나라에도 개천절과 비슷한 기념일이 있나요? 이야기해 보세요.

쓰기

여러분 나라에서 가장 중요한 기념일을 소개해 보세요.

※190P에 에 '-(느)ㄴ다'를 사용하여 300~400자의 글로 완성해 보세요.

1. 기념일의 이름은 무엇이며 날짜는 언제입니까?
2. 그날을 기념하는 이유는 무엇입니까?
3. 그 기념일에 사람들은 무엇을 합니까?

한국어 더하기 — 유의어

걱정하다 / 고민하다

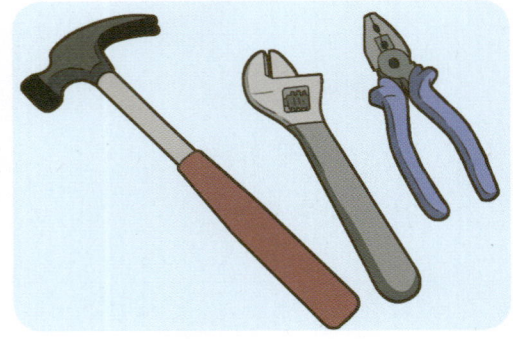
고치다 / 수리하다

그만두다 / 포기하다

기르다 / 키우다

갚다 / 돌려주다

참가하다 / 참석하다

연습 1 〈보기〉에서 알맞은 어휘를 골라 대화를 완성해 보세요.

보기	그만두다	갚다	걱정하다	기르다	참가하다

1. 가: 아이가 있어요?

   나: 네. 저는 *아들을 두 명 _____고 있어요.

2. 가: 어머니가 많이 편찮으세요. 어떡하지요?

   나: 치료를 잘 받으면 나으실 테니까 _____지 마세요.

3. 가: 오늘은 아르바이트하러 안 가요?

   나: 너무 힘들어서 _____.

4. 가: 지난번에 빌려준 돈은 언제 _____아/어 줄 수 있어?

   나: 미안해. 용돈을 받으면 바로 줄게.

5. 가: 이번 축구 대회에 우리 학교도 _____?

   나: 아니요. 우리 학교는 이번 대회에 안 나가요.

연습 2 다음 중 맞는 것을 고르세요.

1. 버스를 탈지 지하철을 탈지 (걱정하고 / 고민하고) 있다.

2. 친구에게서 빌린 책을 다 읽어서 (갚았다 / 돌려줬다).

3. 병원에 가서 병을 다 (고쳤다 / 수리했다).

4. 저는 머리를 안 자르고 계속 (기를 / 키울) 거예요.

5. 제 행복을 (그만둘 / 포기할) 수 없으니까 제가 원하는 대로 할게요.

6. 내일 하는 회의에 모두 (참석 / 참가)하세요.

💬 배운 유의어 중에서 하나를 골라 여러분의 경험을 이야기해 보세요.

새 어휘 아들 Son

7과 아버지의 누나가 한국에 놀러 오셨다고요?

어휘와 표현	호칭
문법	V/A-아/어서인지
	V/A-(느)ㄴ/다고(요)
	V-고 보니
말하기	가족 간의 한국어 호칭을 하나씩 알아가는 재미가 있네요.
듣기	한국의 직장에서의 호칭은 어렵지 않아.
읽기	한국어의 재미있는 호칭
쓰기	한국어 호칭 때문에 당황하거나 실수를 한 경험을 이야기해 보세요.

 여러분은 가족이나 친구를 어떻게 불러요? 이야기해 보세요.

어휘와 표현

호칭 Form of address

가족 간의 호칭 Family titles

할아버지/할머니
Grandfather/Grandmother

외할아버지/외할머니
Maternal grandfather/Maternal grandmother

큰아빠/큰엄마
father's older brother/uncle's wife

삼촌/숙모
father's younger brother/uncle's wife

고모/고모부
father's sister/aunt's husband

아빠/엄마
Dad/Mom

외삼촌/외숙모
mother's brother/uncle's wife

이모/이모부
mother's sister/aunt's husband

직장 내 호칭 – 일반 사무직 Job titles - Office staff

대표	CEO
부장	Director
차장	Senior manager
과장	Manager
대리	Deputy manager
주임	Assistant manager
사원	Staff member

별명 Nickname	**놀리다** To tease
애칭 Pet name	**불리다** To be called

💬⁺ 어렸을 때의 별명은 무엇이었습니까? 왜 그렇게 놀렸습니까?

💬⁺ 여러분의 가족들 중에 애칭으로 부르는 사람이 있습니까? 뭐라고 부릅니까?

연습 1 알맞은 가족 간의 호칭을 써 보세요.

1. 어머니의 아버지와 어머니 _____, _____

2. 아버지의 형 _____

3. 아버지의 남동생 _____

4. 아버지의 누나, 여동생 _____

5. 어머니의 오빠, 남동생 _____

6. 어머니의 언니, 여동생 _____

연습 2 직장 내 호칭을 직급 순서대로 써 보세요.

1. [　　　] ➡ 주임 ➡ 2. [　　　] ➡ 과장

➡ 3. [　　　] ➡ 부장 ➡ 4. [　　　]

연습 3 〈보기〉에서 알맞은 어휘를 골라 써 보세요.

| 보기 | 별명 | 애칭 | 놀리다 | 불리다 |

1. 내 친구는 얼굴이 둥글어서 _____이/가 보름달이었다.

2. 우리 선생님은 무서워서 학생들에게 호랑이라고 _____.

3. 어머니는 딸을 '*공주님'이라는 _____(으)로 불렀다.

4. 아이들은 나의 나쁜 시험 점수를 보고 *바보라고 _____(으)며 웃었다.

새 어휘　공주님 Princess　　바보 Fool

문법 1

V/A-아/어서인지

- 앞 내용이 뒤 내용의 이유라고 추측할 때 사용해요. 단, 그 이유를 단정적으로 말하기 어려울 때 사용해요.
  This is used to speculate on the reason for the following situation when it's difficult to be certain.

동사 형용사	ㅏ,ㅗ O	-아서인지	많다:	많 + -아서인지 → 많아서인지
	ㅏ,ㅗ X	-어서인지	세우다:	세우 + -어서인지 → 세워서인지
	하다	-해서인지	피곤하다:	피곤하다 + -해서인지 → 피곤해서인지
명사	받침 O	+이어서인지/ 이라서인지	학생:	학생 + 이어서인지/이라서인지 → 학생이어서인지/학생이라서인지
	받침 X	+여서인지/ 라서인지	친구:	친구 + 여서인지/라서인지 → 친구여서인지/친구라서인지

1. 야오밍 씨는 친구가 **많아서인지** 주말엔 항상 바빠요.
2. 미리 공부 계획을 꼼꼼하게 **세워서인지** 시험을 잘 봤다.
3. *오랜 **친구여서인지** 내 마음을 잘 알아주는구나.
4. 점심시간이 안 **끝나서인지** 식당에 사람이 많아요.

> **Tip!**
> 'V/A-아/어서인지' = 'V/A-아/어서 그런지'
> 예) 오늘 눈이 와서인지 길이 미끄러워요.
> = 오늘 눈이 와서 그런지 길이 미끄러워요.

〈보기〉와 같이 친구와 이야기해 보세요.

보기
가: 명동에 왜 이렇게 사람이 많아요?
나: 오늘이 크리스마스여서인지 많이 놀러 온 것 같아요.

1. 지금 길에 사람이 많아요?
2. 서울에서 인기가 많은 여행지는 어디예요?
3. 여러분에게는 어떤 옷이 어울려요?

연습 1 배운 문법을 사용하여 대화를 완성해 보세요.

1. 가: 오늘 본 집은 어땠어요?

   나: 좁지만 지하철역에서 _____ 월세가 *꽤 비싸요.

2. 가: 이번에 새로 나온 메뉴가 참 인기가 많네요.

   나: 네. 음식 가격이 _____ 학생들도 부담 없이 주문하더라고요.

3. 가: 저녁 먹으러 갈래?

   나: 아니, 점심을 늦게 _____ 배가 안 고파.

4. 가: 유코 씨가 한국어능력시험 3급을 받았다고요?

   나: 네. 한국 친구들이 _____ 한국어 실력이 금방 늘더라고요.

5. 가: 오늘은 공원에 사람이 별로 없지요?

   나: 네, 주말에는 사람이 많았는데 오늘은 _____ 사람이 적네요.

6. 가: 아이는 벌써 자요?

   나: 네, _____ 저녁을 먹자마자 자네요. 오후에 친구들과 축구를 했거든요.

7. 가: 저 친구는 모르는 게 없는 것 같아요.

   나: 맞아요. 책을 많이 _____ 아는 게 많아요.

8. 가: 요즘 잘 팔리는 물건이 뭐예요?

   나: _____ 잘 팔리는 것 같아요.

새 어휘   오랜 Longtime   꽤 Quite

7과 아버지의 누나가 한국에 놀러 오셨다고요?

문법 2

V/A-(느)ㄴ/다고(요)

① 말하는 사람이 상대방의 말을 잘 듣지 못해 확인하거나 자신의 말을 반복해서 말할 때 사용해요.
This is used when the speaker has trouble hearing the other person and needs to confirm what was said or repeat themselves.

② 들은 말에 대한 놀람이나 믿어지지 않음을 나타낼 때 사용해요.
This is used to express surprise or disbelief about what was just heard.

동사	받침 O	-는다고(요)	먹다: 먹 + -는다고(요)	→ 먹는다고(요)
	받침 X	-ㄴ다고(요)	자다: 자 + -ㄴ다고(요)	→ 잔다고(요)
형용사	받침 O	-다고(요)	좋다: 좋 + -다고(요)	→ 좋다고(요)
	받침 X		크다: 크 + -다고(요)	→ 크다고(요)
명사	받침 O	+이라고(요)	주말: 주말 + 이라고(요)	→ 주말이라고(요)
	받침 X	+라고(요)	휴가: 휴가 + 라고(요)	→ 휴가라고(요)

1. 가: 밥 안 먹어요?
   나: 아까 말했잖아요. 안 **먹는다고요**.
2. 가: 보고서 작성은 끝났어요?
   나: **뭐라고요?** 다른 것 하느라 못 들었어요.
3. 가: 민수가 이번 시험에서 1등을 했대.
   나: 민수가 1등을 **했다고?** 정말?

상대방이 의문문, 청유문, 명령문으로 말했을 때는 형태가 아래와 같아요.
If the other person uses a question, suggestion, or command, the sentence structure is as follows.
- 의문문 : V-냐고요, A-냐고요, N-(이)냐고요
- 청유문 : V-자고요, V-지 말자고요
- 명령문 : V-(으)라고요, V-지 말라고요

연습 1 배운 문법을 사용하여 대화를 완성해 보세요.

1. 가: 저 도서관에 다녀올게요.

   나: 뭐? 어디에 _____? 다시 말해봐.

2. 가: 너 저 가수하고 닮았어.

   나: 내가 누구하고 _____? 이 사람? 아니면 저 사람?

3. 가: 내일 명동에서 관광할 거예요.

   나: 뭐라고요?

   가: 내일 명동에서 _____.

4. 가: 이 사람은 나와 친한 친구야.

   나: 혹시 네 남자 친구 아니야?

   가: 그냥 나랑 친한 _____. 오해하지 마.

5. 가: 저도 저 사람을 몰라요.

   나: 저 사람 이름이 뭔데요?

   가: 저는 저 사람을 _____. 다른 사람한테 물어보세요.

6. 가: 우리 *당구 치러 가요.

   나: 내일이 시험인데 당구를 _____?

7. 가: 저 사람은 누구예요?

   나: 저 사람이 _____? 우리 학과 교수님이잖아요.

8. 가: 저는 학교 옆 그린 *오피스텔에 살아요.

   나: 그린 오피스텔에 _____? 저도 거기 사는데요.

새 어휘 당구 Billiards   오피스텔 Studio apartment

문법 3

V-고 보니

- 어떠한 행동을 한 이후에 몰랐던 내용을 알게 되거나 잘못 알고 있었던 사실을 깨닫게 되었을 때 사용해요.
  This is used to indicate that the speaker realized or discovered something after doing a certain action.

동사	받침 O	-고 보니	알다: 알다 + -고 보니 ➡ 알고 보니
	받침 X		가다: 가다 + -고 보니 ➡ 가고 보니

1. 떡인 줄 알았는데 *한입 **먹고 보니** 빵이었어요.
2. 버스를 **타고 보니** 제가 타야 할 버스가 아니었어요.
3. **알고 보니** 그는 내가 힘들 때 옆에 있어 준 진짜 친구였다.
4. 책을 다 **쓰고 보니** 내 마음에 들지 않아 다시 쓰기로 했다.

Tip!

V-고 보니	V-아/어 보니(까)
잘못 생각하고 있었거나 전혀 예상하지 못한 결과가 나와서 당황스럽거나 놀랐을 때 사용해요. This is used when the outcome is different from what was expected, causing surprise or confusion. 예 저는 주스라고 생각했는데 마시고 보니 술이더라고요.	어떤 것을 시도하거나 경험해 본 후에 알게 된 것이나 느낌을 나타내요. This is used to express what one learned or felt after trying or experiencing something. 예 비빔밥을 먹어 보니까 맵지 않고 맛있었어요.

다음 그림을 보고 문장을 만들어 보세요.

연습 1 〈보기〉에서 알맞은 어휘를 골라 대화를 완성해 보세요.

| 보기 | 살다 | 입다 | 배우다 | 만나다 | 듣다 | 말하다 | 시작하다 |

1. 가: 내가 *일부러 그런 게 아니라 문자를 잘못 보낸 거야. 미안해.

   나: 괜찮아. 네 말을 _____ 그냥 네 실수였다는 걸 알겠어.

2. 가: 그게 새로 산 옷이에요? 좀 짧은데요.

   나: 살 땐 몰랐는데 오늘 _____ 저에게는 좀 짧더라고요.

3. 가: 어제는 네가 *말실수를 한 것 같아.

   나: 나도 _____ 잘못 말한 것 같았어. 오늘 사과하려고.

4. 가: 요즘 한국어 공부는 할 만 해요?

   나: 혼자 공부할 때는 몰랐는데 학교에서 _____ 많은 문법을 잘못 사용하고 있었더라고요.

5. 가: 결혼 생활 선배로서 신혼부부들에게 조언 좀 해 주세요.

   나: 연애를 오래 했어도 같이 _____ 싸우는 일이 많아지더라고요. 서로 양보하고 이해하려고 노력하는 게 중요해요.

6. 가: 저 사람은 좀 차가워 보여.

   나: 나도 그렇게 생각했는데 몇 번 _____ 마음이 따뜻하고 좋은 사람이더라.

7. 가: 회사 생활이 힘들지요?

   나: 저도 걱정을 많이 했는데 회사 생활을 _____ 생각보다 할 만한데요.

새 어휘   한입 One bite   일부러 On purpose   말실수 Slip of the tongue

말하기

이리나: 아버지의 누나가 한국에 놀러 오셨어요.
김영수: 아버지의 누나가 한국에 놀러 오셨다고요? 아, 고모요?
이리나: 고모? 아, 맞아요. 아는 단어인데 자주 쓰지 않아서인지 생각이 안 났어요.
김영수: 그럴 수도 있겠어요. 이리나 씨는 친척이 많아요?
이리나: 아버지가 형제가 많으세요. 큰아버지하고 삼촌하고 고모가 계세요. 어머니는 남자 형제가 없으셔서 외삼촌은 안 계시고 이모만 한 분 계세요. 우리 이모는 뵌 적이 있지요?
김영수: 아, 듣고 보니 생각이 나네요. 전에 이리나 씨가 영상 통화할 때 잠깐 뵌 적이 있어요.
이리나: 그런데 한국의 가족 호칭은 정말 어려워요. 한국에 온 지 얼마 안 됐을 때 친구가 '큰어머니'라고 부르는데 키가 커서 '큰 어머니'라고 부른다고 생각했거든요. 나중에 친구의 설명을 듣고 보니 큰어머니는 큰아버지의 아내를 부르는 호칭이더라고요.
김영수: 하하. 저는 한국 사람이지만 가끔 호칭이 떠오르지 않을 때가 있는데 이리나 씨처럼 외국인들에게는 가족 간 호칭이 정말 어렵겠어요.
이리나: 그래도 한국 드라마를 많이 봐서인지 이제 여러 호칭들을 알게 됐어요. 가족 간의 호칭을 하나씩 알아가는 재미가 있네요.

연습 1 대화를 듣고 질문에 대답해 보세요.

1. 이리나의 아버지는 형제가 모두 몇 분 계십니까?
2. 김영수는 언제 이리나의 이모를 봤습니까?
3. 이리나는 처음에 '큰어머니'를 어떻게 이해했습니까?
4. 이리나는 뭐가 재미있다고 했습니까?

연습 2 아래 어휘를 사용하여 친구와 대화 연습을 해 보세요.

누나가 한국에 놀러 오셨다 남자 형제가 없다 친구의 설명을 듣다 한국 드라마를 많이 보다	여동생을 만날 것이다 여자 형제밖에 없다 알다 한국에서 오래 지내다	누나가 한국에 와 계시다 여자 형제만 있다 한국어를 더 공부하다 한국 친구들을 많이 사귀다

연습 3 부모님이나 친구들이 여러분을 부르는 애칭이 있어요? 애칭을 소개하고 그 이유를 이야기해 보세요.

저는 애칭이 여러 개 있어요. 아빠는 저를 '강아지'라고 부르고 엄마는 저를 '*꿀돼지'라고 불러요. 그리고 누나는 '*왕자님'이라고 불러요.

	애칭	그렇게 부르는 이유
부모님이 나를 부르는 애칭		

보기
제 친구들은 저를 핑크 공주라고 부릅니다. 제가 분홍색을 아주 좋아하기 때문입니다.
어떤 친구들은 '핑크 공주'를 줄여서 '핑공'이라고 부르기도 합니다.

새 어휘   꿀돼지 Piggy   왕자 Prince

듣기

준비 한국 사람들은 회사에서 서로를 어떻게 불러요?

연습 1 잘 듣고 맞으면 O, 틀리면 X 표시해 보세요.

1. 남자는 취직한 지 한 달이 지났다.　　O　X

2. 남자는 회사에서 호칭을 실수해서 *혼이 났다.　　O　X

3. 한국 회사에서 직급은 호칭과 *상관이 있다.　　O　X

4. 남자는 한국의 직장 호칭이 어렵다고 생각한다.　　O　X

5. 회사에서 여자의 직급은 부장이다.　　O　X

연습 2 다시 한번 잘 듣고 질문에 맞는 답을 해 보세요.

1. 남자는 왜 직장 상사를 '김 대리'라고 불렀습니까?

   _____

2. 여자가 '박 달콤'이라고 불리는 이유는 무엇입니까?

   _____

3. 다음 사람들은 어떻게 부르면 좋겠습니까?

   1) 직장 상사인 김민호 과장   → _____

   2) 부하 직원인 이민정 대리   → _____

   3) 같은 직급의 동료 신영호   → _____

연습 3 잘 듣고 빈칸을 채워 보세요.

1. 나이가 비슷한 _____ *말도 잘 통해.

2. 회사에서 _____? 뭔데?

3. 처음에 나도 '김 대리'라고 따라 불렀는데 _____ 안 되는 거였어.

4. 상사에게는 이름이나 *성 뒤에 직급과 '님'을 _____.

새 어휘 혼이 나다 To get scolded   상관이 있다 To be related   말이 통하다 To be on the same page
성 Last name   소감 Award Speech   넘어가다 To move on

읽기

한국어의 재미있는 호칭

여러분, 오늘은 한국어의 호칭에 대해서 이야기해 보겠습니다. 여러분도 한국어 호칭이 *헷갈리신다고요? 그럼 이 글을 한번 읽어 보시기 바랍니다.

한국어는 호칭이 다양해서 어려워하는 외국인이 많습니다. 영어를 사용하는 나라에서는 상대방을 부를 때 이름을 몰라도 'You'라고 하면 됩니다. 하지만 한국에서는 상대방의 나이와 위치를 보고 반말이나 높임말을 사용하기 때문에, 상대방과 나와의 관계가 달라지면 호칭도 달라집니다. 직장에서는 직급으로 불리고 학교나 병원 등에서는 선생님, 의사 선생님 등 직업으로 불리기도 하지요.

우리는 영어의 'You' 대신 '당신'이라는 호칭을 사용하는 외국인들을 가끔 만날 수 있습니다. 한국어에도 반말에는 'You'와 같은 '너'라는 단어가 있습니다. 하지만 반말을 쓰지 않는 상대방에게는 'You'처럼 사용할 수 있는 한국어 단어가 없어서인지 외국인들이 그런 실수를 *종종 하는데 이것은 맞는 호칭이 아닙니다. 그럼 '당신'이라는 호칭은 누구에게 사용하는 걸까요? '당신'은 부부 사이에 사용하기도 하고 *문학이나 노래에서 사랑하는 사람을 *가리킬 때 사용하기도 합니다.

이뿐만 아니라 외국 학생들은 'He'나 'She'를 대신해 '그', '그녀'라는 단어도 자주 사용하는데 한국에서는 문학이나 노래 등에서만 그런 단어를 사용하고 일상생활에서는 거의 사용하지 않습니다.

혹시 자신도 모르게 잘못 사용하고 있었던 한국어 호칭이 있었나요? 그렇다면 앞으로는 올바른 호칭을 사용해 보시면 좋겠습니다.

새 어휘 헷갈리다 To be confused   종종 Sometimes   문학 Literature   가리키다 To point at

연습 1 글을 읽고 질문에 대답해 보세요.

1. 다음 중 읽은 내용과 다른 것을 고르십시오.

    ① 한국은 상대방을 부르는 호칭이 다양하다.
    ② 한국에서는 남편을 '당신'이라고 부를 수 있다.
    ③ 한국어 '그'는 영어의 'He' 대신 사용하면 된다.
    ④ 한국에서 상대방의 나이는 호칭에 영향을 준다.

2. 한국에서 호칭에 영향을 주는 것은 무엇입니까? 모두 써 보세요.

 한국에서 가족이 아닌 사람에게 가족 간 호칭으로 부르는 것을 들어본 적이 있습니까? 이야기해 보세요. (예: 식당 아주머니를 '이모'라고 부른다.)

쓰기

여러분은 한국어 호칭 때문에 당황하거나 실수를 한 경험을 써 보세요.

※191P에 에 '-(느)ㄴ다'를 사용하여 300~400자의 글로 완성해 보세요.

1. 여러분은 한국어의 호칭 중에 어떤 것이 어려웠습니까?

2. 여러분 나라에서는 가족 간에/직장에서 어떤 호칭을 사용합니까?

3. 그것은 한국의 호칭과 어떻게 다릅니까?

8과 자원을 낭비하는 한 환경 오염은 더 심각해지겠군요.

	여러분은 환경 문제에 관심이 있어요? 이야기해 보세요.

어휘와 표현	환경 문제
문법	V-자
	V-는 한
	V/A-는/(으)ㄴ 만큼
말하기	무엇보다 환경이 중요한 만큼 꼭 필요한 옷만 사고 오래 입어야 해요.
듣기	지구온난화와 이상 기후는 우리가 해결해야 할 가장 큰 과제입니다.
읽기	환경 보호! 시민, 정부, 사회가 함께 해 나가야 합니다.
쓰기	환경 보호를 위해 실천하고 있는 일을 소개해 보세요.
한국어 더하기	반의어

어휘와 표현

환경 문제 Environmental issues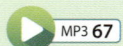

오염 Pollution

환경 오염
Environmental pollution

대기 오염
Air pollution

수질 오염
Water pollution

토양 오염
Soil pollution

이상 기후 Abnormal weather

가뭄
Drought

홍수
Flood

폭설
Heavy snow

지구 온난화
Global warming

낭비 Waste

자원 낭비
Resource waste

에너지 낭비
Energy waste

일회용품
Disposable products

환경 보호
Environmental protection

발생하다
To occur

영향을 미치다
To affect

💬⁺ 일회용품 사용은 환경에 어떤 영향을 미칩니까?

💬⁺ 환경 오염으로 발생하는 문제는 무엇이 있습니까?

연습 1 환경 오염과 이상 기후에 대한 글을 읽고 알맞은 어휘를 쓰세요.

〈환경 오염의 원인〉

자동차와 공장 등에서 나오는 더러운 *연기는 1._____의 원인이 되고 가정과 공장 등에서 매일 사용하고 버리는 물은 2._____의 원인이 된다. 이 더러운 물은 땅으로 흘러 3._____의 원인이 된다.

〈이상 기후 문제〉

환경이 오염되면서 이상 기후 문제도 심각하다. 전에 없던 계속된 4._____ 때문에 나무와 꽃이 물이 없어 죽기도 하고 비가 *한꺼번에 계속 내려 큰 5._____이/가 나기도 한다. 갑자기 6._____이/가 내려 눈길에 큰 교통사고가 나고 비행기가 다니지 못하는 일도 있다. 또 7._____(으)로 인해 *빙하가 녹아 바다의 *높이가 높아지고 있다고 한다.

연습 2 〈보기〉에서 알맞은 어휘를 골라 문장을 완성해 보세요.

| 보기 | 일회용품 자원 낭비 발생하다 영향을 미치다 에너지 낭비 환경 보호 |

1. 우리가 쓰고 버리는 물건들은 환경에 나쁜 _____고 있다.

2. 친구들과 _____을/를 위해서 일요일마다 쓰레기를 줍기로 했다.

3. 아무도 없는 빈집의 불을 켜 놓는 것은 _____(이)다.

4. 선물 세트나 기획 상품 등의 과한 포장은 _____(이)다.

5. 한 번 쓰고 버리는 _____은/는 환경을 오염시킨다.

6. 지난밤, *누군가가 피우고 버린 담배 때문에 *산불이 _____.

새 어휘 연기 Smoke   한꺼번에 All at once   빙하 Glacier   높이 Height   누군가 Someone   산불 Wildfire

문법 1

V-자

① 앞서 일어난 행동이나 상황이 원인이 되어 뒤의 행동을 하거나 상황이 생길 때 사용해요.
This expression indicates that the first action or situation caused the second action or situation.

② 앞의 상황이나 행동 후에 뒤의 행동이나 상황이 이어질 때 사용해요.
This is used when the second action or situation follows the first one.

동사	받침 O	-자	열다: 열 + -자 ➡ 열자
	받침 X		되다: 되 + -자 ➡ 되자

1. 가을이 **되자** 날씨가 시원해지기 시작했다.
2. 가수가 무대로 **나오자** 사람들이 *박수를 쳤다.
3. 화재가 **발생하자** 사람들은 119에 전화를 했습니다.
4. 유코 씨는 동생의 입원 소식을 **듣자** 눈물을 흘렸다.

💬⁺ 다음 그림을 보고 문장을 만들어 보세요.

연습 1 배운 문법을 사용해 문장을 완성해 보세요.

1. 학생들은 수업이 _____ 집으로 돌아갔다.

2. 내가 친구에게 옷이 예쁘다고 _____ 친구가 고맙다고 했다.

3. 동생이 학교에서 상을 _____ 부모님께서 용돈을 주셨다.

4. 바람이 _____ 벚꽃이 떨어지기 시작했다.

연습 2 환경 오염에 대해 사람들이 이야기하고 있어요. 〈보기〉에서 알맞은 어휘를 골라 문장을 완성해 보세요.

| 보기 | 심각해지다 | 버리다 | 섞이다 | 타다 | 쓰다 |

- 분리수거를 잘 해야 합니다. 플라스틱과 일반 쓰레기가 **1.**_____ 재활용이 거의 불가능해졌습니다.

- 사람들이 장바구니를 **2.**_____ 비닐 봉투 사용이 많이 줄었더라고요.

- 사람들이 자동차 대신 지하철을 **3.**_____ 대기가 깨끗해졌습니다.

- 지구 온난화가 갈수록 **4.**_____ 정부는 해결 방법을 적극적으로 고민하기 시작했습니다.

- 강에 쓰레기를 **5.**_____ *악취가 나고 물 색깔도 달라졌어요.

새 어휘   박수를 치다 To clap   악취 Stench

문법 2

V-는 한

- 앞 내용이 뒤 내용의 전제나 조건을 나타낼 때 사용해요.
  This is used to present a condition or assumption for the following situation.

동사	받침 O	-는 한	받다: 받 + -는 한 → 받는 한
	받침 X		응원하다: 응원하 + -는 한 → 응원하는 한

1. 기숙사에서 룸메이트와 함께 **사는 한** 내 마음대로 생활할 수는 없어요.
2. 팬들이 저를 **응원해 주는 한** 저는 계속 노래할 거예요.
3. 생각을 말로 **표현하지 않는 한** 다른 사람이 내 생각을 알기 어렵다.
4. 이 학교에 **다니는 한** 이 학교의 규칙을 따라야 해요.

〈보기〉와 같이 친구와 이야기해 보세요.

보기
가: 돈이 별로 없어도 행복하게 살 수 있을까요?
나: 사랑하는 사람과 함께 사는 한 돈이 별로 없어도 행복하게 살 수 있지요.

1. 한국어 공부가 필요할까요?

2. 나이가 많아도 새롭게 공부를 시작할 수 있을까요?

3. 내일도 같은 시간에 수업이 시작됩니까?

4. 100년 후에도 경찰이라는 직업이 있을까요?

연습 1 〈보기〉에서 알맞은 어휘를 골라 대화를 완성해 보세요.

| 보기 | 놀다　　확인되지 않다　　먹다　　알다　　저축하다　　살아 계시다　　노력하다 |

1. 가: 대학생인데 신분증을 안 가지고 왔어요. 이 영화 볼 수 있지요?

   나: 죄송합니다. 나이가 _____ 입장하실 수 없습니다.

2. 가: 살을 빼고 싶은데 맛있는 음식을 보면 참지 못해요.

   나: 그렇게 참지 못하고 계속 _____ 살을 뺄 수 없어요.

3. 가: 열심히 연습했는데 이번 경기에서 져서 너무 속상해요.

   나: 괜찮아. 우리가 계속 열심히 _____ 다음 경기에서는 꼭 이길 거야.

4. 가: 여행 갈 돈을 모으고 있는데 괜찮을까요?

   나: 네, 지금처럼 매달 _____ 돈이 *모자라지 않을 거예요.

5. 가: 토픽 시험에 합격할 수 있을까요?

   나: 지금처럼 공부도 안 하고 _____ 합격하기 힘들어요.

6. 가: 자식들이 다 커도 부모님들은 자식 걱정이 많으신가 봐요.

   나: 그럼요. _____ 부모님들은 자식을 걱정하고 챙겨주려고 하실 겁니다.

7. 가: 혹시 예약일 하루 전에 취소하면 예약금은 돌려받을 수 없나요?

   나: 제가 _____ 하루 전에 취소하면 예약금은 돌려받을 수 없어요.

새 어휘　모자라다 To be short of

문법 3

V/A-는/(으)ㄴ 만큼

- 앞문장이 뒷문장의 이유나 근거를 나타낼 때 사용해요. 앞문장의 정도는 뒷문장의 정도와 비례해요.

  This is used when the first clause gives the reason or basis for the second clause, and the degree of the first correlates with that of the second.

동사	받침 O	–는 만큼	먹다: 먹 + –는 만큼 → 먹는 만큼
	받침 X		마시다: 마시 + –는 만큼 → 마시는 만큼
형용사	받침 O	–은 만큼	좋다: 좋 + –은 만큼 → 좋은 만큼
	받침 X	–ㄴ 만큼	크다: 크 + –ㄴ 만큼 → 큰 만큼
명사	받침 O	+인 만큼	형: 형 + 인 만큼 → 형인 만큼
	받침 X		누나: 누나 + 인 만큼 → 누나인 만큼

1. 아이 때는 빨리 **크는 만큼** 잘 먹어야 해요.
2. 날씨가 **더운 만큼** 에어컨이 잘 팔린다고 한다.
3. 언니가 나이가 **많은 만큼** 여러 경험을 해 봤대요.
4. 제가 **형인 만큼** 동생에게 양보할 때가 많아요.

〈보기〉와 같이 친구와 이야기해 보세요.

보기
가: 어떤 일을 열심히 준비한 적이 있어요? 그래서 결과가 어땠어요?
나: 저는 발표 준비를 열심히 했어요. 발표를 열심히 준비한 만큼 긴장하지 않고 발표를 잘했어요.

1. 공부를 많이 한 과목이 있어요? 그래서 시험 점수가 어땠어요?
2. 무슨 운동을 계속 한 적이 있어요? 그래서 어떤 변화가 있었어요?
3. 오늘 날씨가 어때요? 그래서 무엇을 하고 싶어요?
4. 친구에게 진심으로 사과해 봤어요? 그래서 친구가 어떤 *반응이었어요?

연습 1 〈보기〉에서 알맞은 어휘를 골라 대화를 완성해 보세요.

| 보기 | 행사 | 가깝다 | 믿어 주시다 | 비싸다 | 벌다 | 읽다 | 승진하다 |

1. 가: 사장님, *장사가 잘돼서 곧 부자가 되실 것 같은데요.

   나: 돈을 _____ 재료비나 직원 월급 등 나가는 돈도 많아요.

2. 가: 에릭 씨는 정말 공부를 열심히 하는 것 같아요.

   나: 부모님께서 저를 _____ 저도 *최선을 다하려고 해요.

3. 가: 어제 부동산에서 보고 온 집은 어땠어요?

   나: 집이 지하철역에서 _____ *집세가 비싸더라고요.

4. 가: 이번에 과장님이 되셨다면서요? 축하드립니다.

   나: 감사합니다. _____ 책임감도 무겁게 느껴지는군요.

5. 가: 이번 행사에 모두가 참석해야 합니까?

   나: 네. 아주 중요한 _____ 모두 참석해 주시기 바랍니다.

6. 가: 여기 음식이 좀 비싼데요. 좀 더 저렴한 레스토랑에 가는 건 어때요?

   나: 회사 동료가 추천해 줬는데 가격이 _____ 정말 맛있대요.

7. 가: 이 책, 영어로 번역된 것도 있나요?

   나: 그럼요, 여러 나라 사람들이 _____ 다양한 외국어로 번역이 되어 있어요.

새 어휘 반응 Reaction   장사 Business   최선을 다하다 To do one's best   집세 House rent

말하기

야오밍: 뭘 보고 있어요?

이리나: 인터넷에서 옷을 사려고요. 저는 계절마다 유행이 지난 옷은 버리고 유행에 맞는 옷을 사고 있어요. 요즘은 싼 옷들도 많아서 부담이 없거든요.

야오밍: 제가 마침 이 기사를 봤는데 이리나 씨도 한 번 보세요.

이리나: '내 옷이 지구를 *병들게 한다?' 옷이 왜요?

야오밍: 사람들이 유행에 따라 **옷을 자주 구입하자** 옷을 만드는 회사들은 저렴한 옷들을 많이 생산하게 됐어요. 짧은 기간 동안 입고 버리는 이런 옷들 때문에 환경이 오염되고 있대요.

이리나: 우리가 버리는 옷들은 재활용이 되는 거 아니에요?

야오밍: *실제로 버리는 옷의 대부분은 **재활용할 수 없다고 해요**. 옷들이 재활용되지 못하는 만큼 이 옷들은 여기저기에 *버려지고 많은 쓰레기를 만든대요. 또 옷에서 나오는 *미세 플라스틱을 물고기들이 먹어 결국 우리 몸에 들어온다고 해요. 그뿐만 아니라 옷 한 벌을 만드는 데도 매우 많은 물이 사용된다고 하더라고요

이리나: 사람들이 **이렇게 자원을 낭비하는 한** 환경 오염은 더 심각해지겠군요.

야오밍: 그렇지요? 무엇보다 **환경이 중요한 만큼** 꼭 필요한 옷만 사고 오래 입는 습관을 길러야 할 것 같아요.

연습 1 대화를 듣고 질문에 대답해 보세요.

1. 이리나는 얼마나 자주 옷을 새로 삽니까?
2. 옷을 만드는 회사에서는 왜 싼 옷을 많이 만들게 됐습니까?
3. 옷을 버리는 일이 왜 우리의 건강에도 좋지 않습니까?
4. 야오밍은 환경을 위해 어떤 습관이 필요하다고 합니까?

연습 2 아래 어휘를 사용하여 친구와 대화 연습을 해 보세요.

옷을 자주 구입하다	새 옷을 사 입다	계속 새로운 옷을 원하다
재활용할 수 없다	기부를 할 수도 없다	다시 사용되지 않다
이렇게 자원을 낭비하다	이렇게 많은 쓰레기를 만들다	*소비 습관을 바꾸지 않다
환경이 중요하다	쓰레기를 줄여야 하다	지구가 병들어 가고 있다

연습 3 아래 주제 중 하나를 선택하여, 찬성 또는 반대 *입장을 정하고 그에 대한 *근거를 정리한 후 *찬반 토론을 해 보세요.

주제 1. 음식을 배달할 때 *일회용 그릇을 사용해도 괜찮은가?
찬성: 음식을 배달할 때 일회용 그릇을 사용해도 된다.
반대: 음식을 배달할 때 일회용 그릇을 사용하면 안 된다.

주제 2. 환경 문제는 *정부나 기업보다 개인의 책임이 더 큰가?
찬성: 환경 문제는 정부나 기업보다 개인의 책임이 더 크다.
반대: 환경 문제는 개인보다 정부나 기업의 책임이 더 크다.

근거
1.
2.

저는 음식 배달에 일회용 그릇을 사용하면 안 된다고 생각합니다. 왜냐하면 일회용기 때문에 쓰레기 문제가 매우 심각해지고 있기 때문입니다.

제 생각은 조금 다릅니다. 음식 배달에 일회용 그릇을 사용하지 않으면 바달에 아주 많은 비용이 들 것입니다. 그러면…

새 어휘 병들다 To be ailing   실제로 In reality   버려지다 To be dumped   미세플라스틱 Microplastic
소비 Consumption   입장 Stance   근거 Basis   찬반 토론 Debate   일회용 Disposable   정부 Government

듣기

준비 옛날과 지금의 기후가 어떻게 달라졌습니까?

연습 1 잘 듣고 맞으면 O, 틀리면 X 표시해 보세요.

1. 요즘은 *강원도에서도 사과를 키운다. O X

2. 강원도는 *경상도보다 따뜻하다. O X

3. 지구 온난화의 영향으로 기온이 낮아지기도 한다. O X

4. 이상 기후는 우리 생활에 영향을 미친다. O X

5. 지구온난화로 인한 피해를 줄이기 위해 노력해야 한다. O X

연습 2 다시 한번 잘 듣고 질문에 맞는 답을 해 보세요.

1. 요즘 강원도에서 사과가 생산되는 이유는 무엇입니까?
   _____

2. 이상 기후로 인한 경제적인 피해는 무엇입니까?
   1) _____
   2) _____
   3) _____

3. 이상 기후로 생길 수 있는 문제는 또 어떤 것이 있습니까? 이야기해 보세요.
   _____

연습 3 잘 듣고 빈칸을 채워 보세요.

1. _____ 사과를 키우는 *지역이 *북쪽으로 *올라오고 있는 것입니다.

2. 환경 오염과 이상 기후는 _____에도 영향을 미치고 있습니다.

3. 이상 기후는 *농사에도 _____ 음식 재료의 가격이 오르게 합니다.

4. _____ 누구도 그것의 영향을 받지 않을 수 없습니다.

새 어휘 강원도 Gangwon-do   경상도 Gyeongsang-do   지역 Region   북쪽 North   올라오다 To come up
농사 Farming   한편 Meanwhile   현상 Phenomenon

읽기

오늘날 우리가 사는 지구는 지구온난화, 이상 기후 등으로 매우 아파하고 있습니다. 이처럼 환경 오염이 심각해지자 여러 국가에서는 다음과 같은 환경 보호 *정책을 만들어 실제로 행하고 있습니다. 그중 몇 개를 살펴보겠습니다.

1. 햇빛, 바람, 비 등 자연에서 생산된 에너지의 사용을 권하고 있습니다. 이러한 에너지들은 대기오염을 줄이는 데 도움을 주고 시간이 지나면 다시 만들어지므로 경제적이며 새로운 경제 발전을 가능하게 합니다.

2. 에너지를 조금 사용하고 환경을 적게 오염시키는 *친환경 제품을 생산하도록 합니다. 이러한 제품들은 인간이 깨끗한 자연 환경에서 생활할 수 있게 합니다.

3. 정부는 다양한 동식물을 보호하기 위해 법을 만들고 동식물 보호 *구역을 지정합니다. 또한 자연을 다시 깨끗하게 만드는 정책으로 동식물이 사람과 함께 살아갈 수 있는 환경을 만들고자 합니다. 다른 동식물이 *존재하지 않는 한 인간 역시 존재할 수 없기 때문입니다.

4. 정부는 환경 보호 프로그램을 만들어 시민들이 직접 참여하게 하고 환경 보호 교육을 하여 시민들의 환경 보호 *인식을 높입니다. 환경 보호는 정부뿐만 아니라 우리 모두의 노력이 필요하기 때문입니다.

환경 오염은 우리 모두의 책임입니다. 우리가 노력하는 만큼 우리의 미래는 달라질 것입니다. 환경 보호! 시민, 정부, 사회가 함께 해 나가야 합니다.

새 어휘 정책 Policy   친환경 Eco-friendly   존재하다 To exist   구역 Zone   인식 Awareness
책임을 묻다 To hold accountable

연습 1 글을 읽고 질문에 대답해 보세요.

1. 이 글에서 나오지 않은 환경보호 정책은 무엇입니까?

   ① 햇빛을 이용해서 전기를 생산한다.
   ② 시민들에게 환경 오염의 *책임을 묻는다.
   ③ 환경이 적게 오염되는 제품의 사용을 권한다.
   ④ 오염된 강을 다시 살려서 물고기들이 살 수 있게 한다.

2. 정부는 어떻게 시민들이 직접 환경 보호에 참여하도록 합니까?

   _____

 개인이 환경 보호를 위해 할 수 있는 일은 무엇이 있는지 이야기해 보세요.

쓰기

여러분이 환경 보호를 위해 생활 속에서 실천하고 있는 일이 있다면 소개해 보세요.

※ 192P에 에 '-(느)ㄴ다'를 사용하여 300~400자의 글로 완성해 보세요.

여러분은 환경 보호를 위해 무엇을 합니까?
그것은 환경에 어떻게 도움이 됩니까? 3가지를 써 보세요.

1.
2.
3.

한국어 더하기: 반의어

증가하다 ↔ 감소하다

내리다 ↔ 오르다

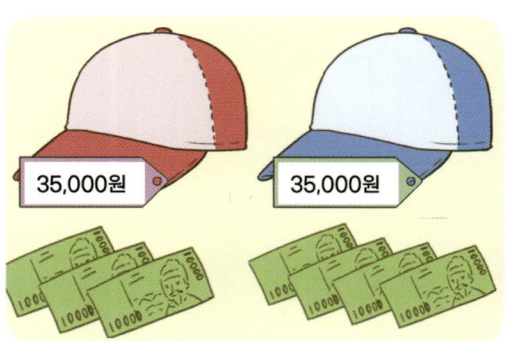

(시험에) 떨어지다 ↔ 붙다

모자라다 ↔ 남다

반대하다 ↔ 찬성하다

잊어버리다 ↔ 기억하다

연습 1 의미에 맞는 한국어 표현을 찾아 연결하고 반의어를 쓰세요.

단어	의미	반의어
1. 증가하다	a. 합격하다	_____
2. 오르다	b. 필요한 것보다 적게 있다	_____
3. 붙다	c. 더 많아지다	_____
4. 모자라다	d. 위의 방향으로 가다	_____
5. 찬성하다	e. 경험한 *인상과 경험이 생각이 나다	_____
6. 기억하다	f. 다른 사람의 행동, *의견이 옳거나 좋다고 생각하다	_____

연습 2 배운 표현을 사용하여 대화를 완성해 보세요.

```
증가하다 / 감소하다      붙다 / 떨어지다      찬성하다 / 반대하다
오르다 / 내리다         남다 / 모자라다      기억하다 / 잊어버리다
```

1. 가: 유학을 가고 싶다고요? 부모님이 그렇게 하라고 _____(으)세요?

   나: 아니요. 부모님은 여기에서 공부하라고 유학에 _____(으)세요.

2. 가: 우리 10년 전에 같은 반에서 공부했는데, _____?

   나: 당연하지. 안 _____. 정말 오랜만이야!

3. 가: 아이가 열이 난다고 들었는데 지금은 어때요?

   나: 아까 열이 _____아/어서 약을 먹였더니 지금은 열이 _____.

4. 가: 백화점 옷은 비쌀 텐데 돈이 _____지 않았니?

   나: 아니에요, 엄마. 세일하는 옷을 사서 돈이 _____. 여기 5000원이요.

5. 가: 문제가 어려워서 시험에 _____(으)ㄹ까 봐 걱정돼요.

   나: 열심히 공부했으니까 *분명히 _____(으)ㄹ 거예요.

6. 휴대폰을 사용하는 사람이 _____(으)면서 집 *전화기를 사용하는 사람은 전보다 훨씬 _____.

배운 반의어 중 하나를 골라 문장을 만들어 보세요.

새 어휘 인상 Impression   의견 Opinion   분명히 Clearly   전화기 Telephone

9과 지난주에도 밤새울 정도로 열심히 공부했어.

	여러분은 공부하거나 밥 먹을 때 습관이 있어요? 이야기해 보세요.

어휘와 표현	생활 습관
문법	V-는 둥 마는 둥 하다
	V-는 대로 [②시간]
	V/A-(으)ㄹ 정도로
말하기	좋은 공부 습관도 기르고 시간도 잘 활용할 수 있게 계획을 세워 볼게.
듣기	잘 자기 위한 올바른 수면 습관에 대해 말씀드리겠습니다.
읽기	우리 몸이 즐거운 식습관을 길러 보자.
쓰기	평소에 고치고 싶은 버릇이나 습관에 대해 써 보세요.

어휘와 표현

생활 습관 Lifestyle habits

세 살 버릇 여든까지 간다
Old habits die hard

규칙적인 생활을 하다
To live regularly

정리정돈을 하다
To stay organized

시간을 아끼다
To save time

건강을 돌보다
To take care of health

잠버릇이 있다
To have sleep habits

할 일을 미루다
To put off/procrastinate

한숨을 쉬다
To sigh

야식을 먹다
To eat late-night snacks

습관을 기르다
To develop habits

버릇을 고치다
To break bad habits

> 여러분이 기르고 싶은 습관은 무엇입니까?
>
> 여러분은 어떤 나쁜 버릇이 있습니까?
> 그 버릇을 고치려면 어떻게 해야 합니까?

연습 1 〈보기〉에서 알맞은 어휘를 골라 대화를 완성해 보세요.

> **보기** 건강을 돌보다   습관을 기르다   잠버릇이 있다   한숨을 쉬다   버릇을 고치다

1. 가: 중요한 약속을 또 깜빡하고 말았어요.
   나: 꼭 기억해야 하는 일은 메모하는 _____아/어 보세요.

2. 가: 무슨 걱정이 있어? 왜 _____?
   나: 내일이 발표인데 준비를 못 했거든.

3. 가: 요즘 기운도 없고 몸이 안 좋네요.
   나: 좋은 음식을 먹고 운동도 하면서 _____(으)세요.

4. 가: 저는 긴장을 하면 *머리카락을 뽑아요.
   나: 그런 안 좋은 _____아/어야 돼요.

5. 가: 제 동생은 자다가 갑자기 *소리를 지르는 _____.
   나: 자주 그러면 병원에 가 보는 게 좋을 것 같아요.

연습 2 배운 표현을 사용하여 글을 완성해 보세요.

새해의 목표

*새해가 되었기 때문에 계획을 세웠다. 올해는 꼭 좋은 습관을 길러야지.

1. _____자!
   매일 같은 시간에 자고 같은 시간에 일어나서 하루를 시작하고 같은 시간에 식사를 해야겠다. 그러면 나의 건강도 좋아지고 시간도 계획적으로 사용할 수 있을 것이다.

2. _____자!
   방이 깨끗하면 공부도 더 잘되고 마음도 편안해진다.

3. _____지 말자!
   작년에는 밤에 자주 먹어서 5kg이 쪘다. 올해는 밤 10시 이후에 아무것도 먹지 말자.

4. _____지 말자!
   작년에는 숙제도 집안일도 한꺼번에 하느라 너무 힘들고 더 하기 싫었다. 특히 하기 싫은 일은 바로바로 하자.

새 어휘 머리카락 Hair   소리를 지르다 To shout   새해 New year

문법 1

V-는 둥 마는 둥 하다

- 어떤 행위를 하기는 하나 제대로 하지 않을 때 사용해요.
  This is used when an action is performed, but not done properly or completely.

동사	받침 O	–는 둥 마는 둥 하다	듣다:	듣 + –는 둥 마는 둥 하다 → 듣는 둥 마는 둥 하다
	받침 X		보다:	보 + –는 둥 마는 둥 하다 → 보는 둥 마는 둥 하다

1. 영화가 재미없어서 **보는 둥 마는 둥 했어요**.
2. 동생은 책을 **읽는 둥 마는 둥 하고** 휴대폰만 봐요.
3. 요즘 친구가 매일 데이트를 하느라 공부를 **하는 둥 마는 둥 해요**.
4. 남편이 제 이야기를 **듣는 둥 마는 둥 해서** 기분이 안 좋았어요.

〈보기〉와 같이 이야기해 보세요.

보기
졸리다 → 졸려서 숙제를 하는 둥 마는 둥 했어요.

1. 배가 고프지 않다
2. 너무 피곤하다
3. 늦게 일어나다
4. 이야기가 재미없다
5. *두통이 심하다

연습 1 배운 문법을 사용하여 문장이나 대화를 완성해 보세요.

1. 가: _____ 하니까 청소했는데 깨끗하지 않잖아.

   나: 다시 제대로 청소할게요.

2. 가: 수업 시간에 선생님 말씀 못 들었어?

   나: 아, 다른 생각을 하느라 _____ 했더니 기억이 안 나.

3. 가: 여행 사진이 이게 다예요?

   나: 구경하느라 정신 없어서 사진은 _____ 했거든요.

4. 가: 그렇게 _____ 하지 말고 그림을 잘 봐.

   나: 나는 별로 보고 싶지 않은데 왜 자꾸 보래.

5. 가: *밤새 시끄러워서 _____ 했어.

   나: 피곤하겠네. 우리 집에 가서 *눈 좀 붙일래?

6. 가: 나 요즘 다시 테니스 치러 다녀. 꼭 살을 뺄 거야.

   나: 지난번처럼 테니스를 _____ 하면 살이 안 빠질걸.

7. 가: 동생이 네가 선물한 자전거를 잘 타고 있어?

   나: 요즘은 날씨가 추워져서 _____ 하던데.

8. 오늘은 아침에 늦게 일어났다. 그래서 _____ 하고 나왔다.

새 어휘   두통 Headache   밤새 All night   눈을 붙이다 To get some sleep

문법 2

V-는 대로 [② 시간]

- 어떤 행위가 끝나고 곧바로 그다음 행위를 한다는 의미예요.
  This expression means the following action occurs immediately after the previous one.

동사	받침 O	–는 대로	씻다: 씻 + –는 대로 → 씻는 대로
	받침 X		도착하다: 도착하 + –는 대로 → 도착하는 대로

1. 손을 **씻는 대로** 저녁 요리를 시작하려고 해요.
2. 집에 **도착하는 대로** 저한테 연락해 주세요.
3. 커피숍이 문을 **여는 대로** 커피를 사 갈게요.
4. 취직해서 돈을 **버는 대로** 부모님 선물을 사 드릴 거야.

–는 대로	–자마자
행위가 끝나고 곧바로 다음 행위가 이어져요. The next action or situation happens right after the first one ends.	
앞뒤의 상황이 우연적일 때 사용 불가능 This expression cannot be applied when the preceding and follwing situations are coincidental. 예 집 밖에 나가는 대로 비가 그쳤다.(X)	앞뒤의 상황이 우연적일 때 사용 가능 This expression can be used when the second situation happens by chance. 예 집 밖에 나가자마자 비가 그쳤다.(O)

친구와 이야기해 보세요.

	나	친구
1. 수업이 끝나면 뭐 할 거예요?		
2. 아침에 일어나자마자 뭘 해요?		
3. 방학이 시작되면 뭘 하려고 해요?		
4. 첫 월급을 받으면 무엇을 하고 싶어요?		
5. 고향으로 돌아가면 제일 먼저 뭐 할 거예요?		

연습 1 〈보기〉에서 알맞은 어휘를 골라 대화를 완성해 보세요.

보기 짐을 풀다   합격하다   읽다   오시다   열다   졸업하다   낫다

1. 가: 제품 관련 자료를 다 읽었으면 주시겠어요?

   나: 거의 다 읽었어요. 다 _____ 드릴게요.

2. 가: 오늘 왜 학교에 안 왔어요? 무슨 일 있어요?

   나: 감기에 걸렸어요. 감기가 _____ 학교에 갈게요.

3. 가: 취업 준비를 벌써 시작했어요?

   나: 아직요. 한국어 시험에 _____ 시작하려고 해요.

4. 가: 숙소에 도착하면 뭐부터 할까요?

   나: 배가 고프니까 _____ 식사하러 가요!

5. 가: 너는 앞으로 뭐 할 거야?

   나: 나는 대학교를 _____ 대학원에 진학하려고.

6. 가: 준비하고 있다는 카페는 어떻게 됐어?

   나: 올해 안에 열 수 있을 것 같아. 카페를 _____ 가업식을 할까 해.
   그 때 와서 축하해줘.

7. 가: 언제 회의를 시작할까요?

   나: 사장님께서 _____ 회의를 시작하세요.

문법 3

V/A-(으)ㄹ 정도로

- 앞 문장과 비슷한 정도의 수준으로 뒤 문장의 행동을 하거나 상황이 일어날 때 사용해요. 종종 실제보다 과장되게 사용해요.
  This is used when the second action or situation occurs to a similar degree as the first, often exaggerated.

동사	받침 O	–을 정도로	먹다: 먹 + –을 정도로	→ 먹을 정도로
형용사	받침 X	–ㄹ 정도로	자다: 자 + –ㄹ 정도로	→ 잘 정도로

1. 친구가 못 **알아볼 정도로** 변했더라고요.
2. 눈을 뜨기 **힘들 정도로** 지금 너무 피곤해요.
3. 이 책의 내용을 **외울 정도로** 여러 번 읽었어요.
4. 아무도 **풀 수 없을 정도로** 문제가 어려웠어요.

> **Tip!**
> 'V/A-(으)ㄹ 정도이다'의 형태로도 사용해요.
> It is also used in the form of 'V/A-(으)ㄹ 정도이다'.
> 예 라면이 매워서 *혀가 아플 정도예요.

 〈보기〉와 같이 문장을 만들어 보세요.

보기
_____**배가 터질 정도로**_____ 많이 먹었어요.

1. _____ 똑똑하다.

2. _____ 눈이 나쁘다.

3. _____ 다리가 아프다.

4. _____ 술을 많이 마시다.

연습 1 〈보기〉에서 알맞은 어휘를 골라 대화를 완성해 보세요.

> **보기**
> 배가 아프다   그만두고 싶다   풀 수 있다   인사도 안 하다
> 들 수 없다   꿈에 나오다   먹어도 좋다

1. 가: 어제 테니스 연습을 많이 했어요?

   나: 네. 그래서 지금 볼펜도 _____ 팔이 아파요.

2. 가: 저 식당 음식이 그렇게 맛있다면서요?

   나: 네. 매일 _____.

3. 가: 어제 본 영화는 어땠어요?

   나: 너무 *웃겨서 _____ 웃었어요. 꼭 보세요.

4. 가: 고향에 있는 가족들 생각이 많이 나지요?

   나: 네. 요즘은 _____ 가족들이 보고 싶어요.

5. 가: 이거 어려운 문제인가요?

   나: 아니에요. 아이들도 _____ 쉬운 문제예요.

6. 가: 두 사람이 심하게 *다퉜다면서요?

   나: 네. 요즘은 두 사람이 우연히 만나면 _____.

7. 가: 새로 들어간 회사는 잘 다니고 있어?

   나: 잘 다니고 있긴 하지만 일이 너무 많아서 내일이라도 _____.

새 어휘   혀 Tongue   웃기다 To be funny   다투다 To argue

말하기

에 릭: 넌 왜 그렇게 한숨을 쉬고 있어?

나타완: 갈수록 한국어가 어려워. 난 언어에 *재능이 없나 봐.

에 릭: 네가 집에서는 **공부를 하는 둥 마는 둥** 하는 거 아니야?

나타완: 아니야. 지난주에도 **밤을 새울 정도로** 열심히 공부했어.

에 릭: 뭐? 너 매일매일 그렇게 공부하는 거야?

나타완: 아니. 평일에는 아르바이트 때문에 바쁘고 토요일엔 약속이 생길 때가 많아서 공부를 못해. 대신 일요일에는 종일 공부하는 편이야.

에 릭: 공부는 한꺼번에 오래 하는 것보다 매일 규칙적으로 하는 게 좋다던데.

나타완: 그렇지만 평일에는 시간이 별로 없는데 어떡해.

에 릭: 반드시 오랜 시간 공부를 해야 한다고 생각하지 말고 짧은 시간을 잘 *활용해 봐. 학교에 오는 버스 안에서, 밥을 먹을 때, 시간이 나지? 그 시간에 공부를 하는 거야. 그러면 시간도 아낄 수 있고 오히려 **공부 스트레스도 *덜 받는대**. 그리고 **수업이 끝나는 대로** 배운 것들을 정리하면 오랜 시간이 지난 후에 복습하는 것보다 더 오래 기억할 수 있다고 하더라.

나타완: 조언 고마워. 이제 좋은 공부 습관도 기르고 시간도 잘 활용할 수 있게 계획을 세워 볼게.

연습 1 대화를 듣고 질문에 대답해 보세요.

1. 나타완은 언제 한국어를 공부합니까?
2. 나타완은 왜 평일에 한국어를 공부할 시간이 없습니까?
3. 짧은 시간을 활용해서 공부하면 어떤 점이 좋습니까?
4. 에릭은 언제 복습하는 것이 좋다고 했습니까?

연습 2 아래 어휘를 사용하여 친구와 대화 연습을 해 보세요.

공부를 하다	단어를 외우다	한국어 책을 읽다
밤을 새우다	*코피를 흘리다	식사 시간을 잊어버리다
공부 스트레스도 덜 받다	공부에 집중이 잘 되다	공부가 지루하지 않다
수업이 끝나다	새로운 것을 배우다	새로운 것을 *학습하다

연습 3 여러분만의 공부 습관이 있나요? 나만의 좋은 공부 습관과 고쳐야 하는 공부 습관을 발표해 보세요.

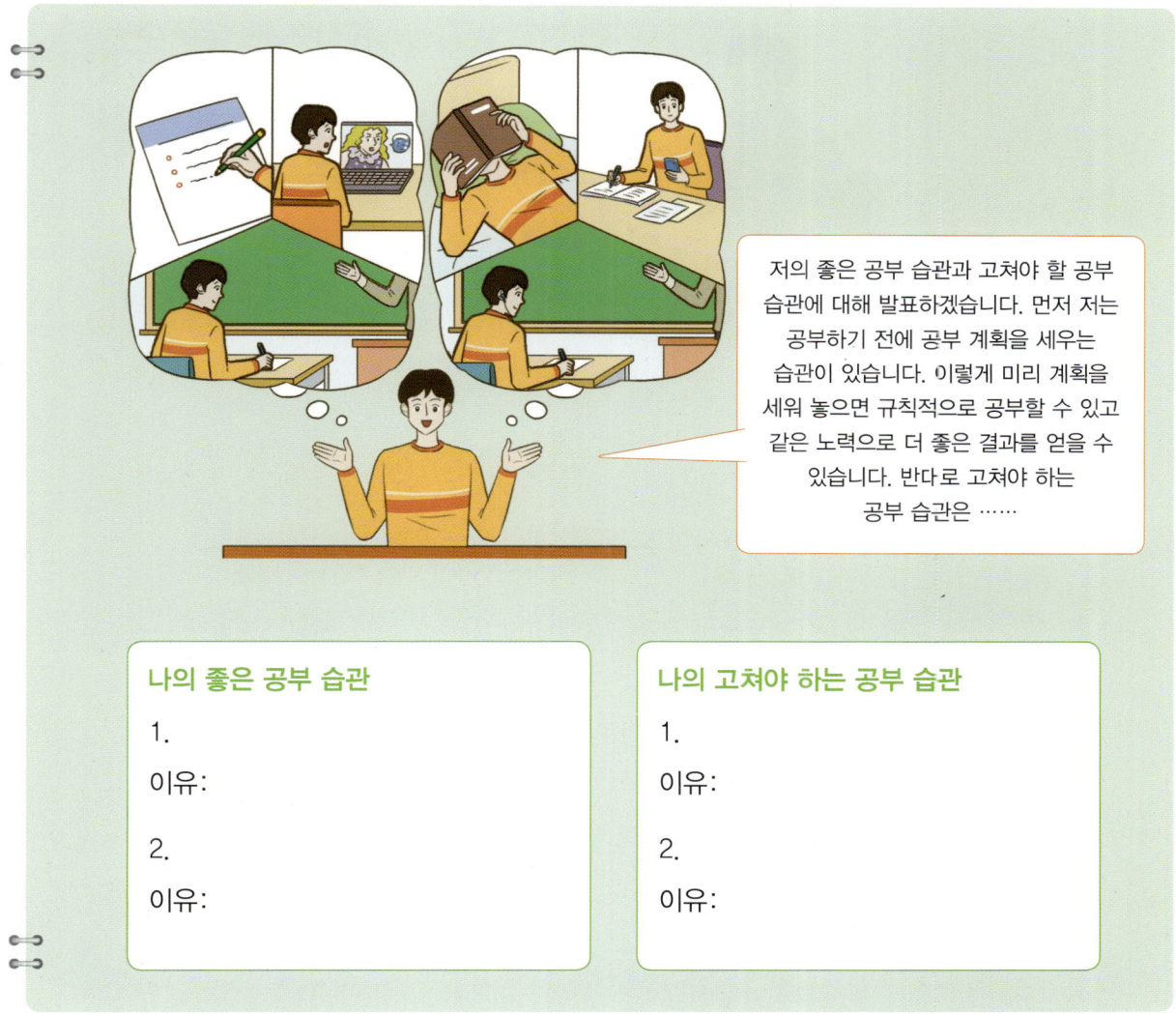

저의 좋은 공부 습관과 고쳐야 할 공부 습관에 대해 발표하겠습니다. 먼저 저는 공부하기 전에 공부 계획을 세우는 습관이 있습니다. 이렇게 미리 계획을 세워 놓으면 규칙적으로 공부할 수 있고 같은 노력으로 더 좋은 결과를 얻을 수 있습니다. 반대로 고쳐야 하는 공부 습관은 ……

나의 좋은 공부 습관
1.
이유:
2.
이유:

나의 고쳐야 하는 공부 습관
1.
이유:
2.
이유:

새 어휘   재능 Talent   활용하다 To make use of   덜 Less   코피 Nosebleed   학습하다 To study

듣기

준비 잘 자려면 어떤 습관을 고쳐야 할까요?

연습 1 잘 듣고 맞으면 O, 틀리면 X 표시해 보세요.

1. 건강해야 잠을 잘 잘 수 있다.   O   X

2. 늦게 자면 그만큼 늦게 일어나는 것이 좋다.   O   X

3. 짧은 낮잠은 *피로를 푸는 데 도움이 된다.   O   X

4. 텔레비전을 보다 보면 잠들기 쉬워진다.   O   X

5. 자기 1시간 전에는 스마트폰 사용을 멈춰야 한다.   O   X

연습 2 다시 한번 잘 듣고 질문에 맞는 답을 해 보세요.

1. 잠을 잘 못 잤을 때의 증상이 아닌 것을 고르십시오.

① 피곤하다
② 기분이 안 좋다
③ *뇌가 긴장을 한다
④ 공부에 집중할 수 없다

2. *수면에 영향을 주는 것을 모두 고르세요.

a. 자는 곳이 밝은지 어두운지
b. 자기 전에 스마트폰을 봤는지 보지 않았는지
c. 자는 곳이 조용한지 시끄러운지
d. 그 날의 기분이 좋은지 나쁜지

연습 3 잘 듣고 빈칸을 채워 보세요.

1. _____ 피로해지고 쉽게 짜증이 나며 집중이 안 되어 공부나 일도 잘할 수 없게 됩니다.

2. 만약 _____ 피곤하다면 10분 정도의 짧은 낮잠을 자는 것이 피로를 푸는 데 좋습니다.

3. 편안한 *베개와 침대를 고르고 _____도 중요합니다.

4. 오늘 _____ 수면에 나쁜 습관들을 고쳐 보십시오.

새 어휘 피로 Fatigue   뇌 Brain   수면 Sleep   베개 Pillow   짜증이 나다 To be annoyed   질 Quality
완전히 Completely

읽기

오늘날은 과거 어느 때보다 다양한 식재료와 요리법이 존재한다. 우리가 매일 먹는 음식들은 우리를 건강하게도 하고 병들게도 한다. 어떤 *식습관이 우리 몸을 병들게 하는지 알아보자.

첫째, 과식을 한다.

*현대인 중에는 몸에 부담을 줄 정도로 필요 이상의 양을 먹는 사람이 많다. 과식은 여러 병의 원인이 되므로 배가 부를 때까지 먹지 말고 조금 더 먹고 싶다고 느낄 때까지만 먹는 게 좋다.

둘째, 야식을 먹는다.

밤이 되면 뭔가 먹고 싶어진다고 말하는 사람이 많다. 그러나 야식을 먹자마자 바로 잠을 잔다면 깊게 잘 수 없고 밤에 자주 먹으면 *비만이 될 수 있으므로 야식을 피하는 것이 좋다.

셋째, 급하게 먹는다.

바쁜 현대인들은 천천히 식사할 여유가 없어 음식을 *씹는 둥 마는 둥 하고 빨리 먹는 경우가 많다. 그러나 오래 잘 씹어 먹어야 소화가 잘 되고 적게 먹어도 배가 부른 느낌을 받을 수 있다.

넷째, 물을 적게 마신다.

물은 우리 몸을 젊게 하고 피부를 깨끗하게 한다. 물 대신 음료수나 커피, 차를 마시는 식습관은 우리 몸의 물을 밖으로 *내보내는 역할을 하므로 물을 가까이하는 식습관을 길러 보자.

오늘은 우리 몸에 좋지 않은 식습관에 대해 알아보았다. 누구나 다 아는 내용이지만 누구나 좋은 식습관대로 먹지는 않는다. 우리 입이 즐거운 식습관 대신 몸이 즐거운 식습관을 길러 보자.

새 어휘 식습관 Eating habits   현대인 Modern person   비만 Obesity   씹다 To chew   내보내다 To discharge

연습 1 글을 읽고 질문에 대답해 보세요.

1. 이 글의 제목으로 알맞은 것을 골라 보세요.

   ① 현대인들의 식습관의 변화
   ② 나쁜 식습관을 고치는 방법
   ③ 우리 몸을 병들게 하는 식습관
   ④ 음식이 우리 건강에 중요한 이유

2. 서로 관계있는 원인과 결과를 연결해 보세요.

   a. 과식을 한다　　　●　　　●　ㄱ. 피부 건강에 좋지 않다
   b. 야식을 먹는다　　●　　　●　ㄴ. 잠을 잘 잘 수 없다
   c. 급하게 먹는다　　●　　　●　ㄷ. 소화가 안 된다
   d. 물을 적게 마신다 ●　　　●　ㄹ. 몸에 부담을 준다

 위에 나온 것 외에 건강에 나쁜 식습관은 무엇이 있는지 이야기해 보세요.

쓰기

평소에 고치고 싶은 버릇이나 습관에 대해 써 보세요.

※193P에 에 '-(느)ㄴ다'를 사용하여 300~400자의 글로 완성해 보세요.

1. 고치고 싶은 버릇이나 습관은 무엇입니까?

2. 왜 그 버릇이나 습관을 고치고 싶습니까?

3. 그 버릇이나 습관을 고치려면 어떤 노력이 필요합니까?

10과 나는 동생이 한국어를 많이 배운 줄 알았지.

	여러분은 최근에 실수나 오해를 한 적이 있어요? 이야기해 보세요.
어휘와 표현	실수와 오해
문법	V-다시피
	V/A-는/(으)ㄴ 줄 알다/모르다
	V-아/어 대다
말하기	동생한테 뭐라고 했는데 미안하다고 사과하고 화해해야겠어.
듣기	문화 차이로 생긴 오해니까 교수님도 아시면 오해를 푸실 거야.
읽기	콜럼버스의 아메리카 대륙 발견은 착각이 변화를 가져온 예 중 하나이다.
쓰기	다른 사람에게 오해를 받았던 경험에 대해 써 보세요.
한국어 더하기	다의어

어휘와 표현

실수와 오해 Mistakes and Misunderstandings

실수를 저지르다
To make a mistake

일을 망치다
To mess up

오해가 생기다 ↔ 오해를 풀다
To have a misunderstanding
↔ To resolve a misunderstanding

용서를 빌다
To ask for forgiveness

화해하다
To reconcile

변명하다
To make excuses

반성하다
To reflect

서투르다	**창피하다**	**실수로**
To be clumsy	To be embarrassed	By mistake
일부러	**함부로**	**착각하다**
On purpose	Carelessly	To be mistaken

 한국어가 서툴러서 창피했던 적이 있습니까?

 실수로 다른 사람을 화나게 한 적이 있습니까?

연습 1 〈보기〉에서 알맞은 어휘를 골라 빈칸을 채워 보세요.

보기	저지르다	망치다	용서를 빌다	서투르다
	실수로	일부러	화해하다	창피하다

1. 친구와 싸웠는데 _____고 다시 친하게 지내고 싶어요.

2. 길에서 넘어져서 사람들이 모두 쳐다봤을 때 정말 _____.

3. 잘못했을 때는 사과하고 _____아/어야 한다.

4. 친구가 피곤해 보여서 _____ *깨우지 않았다.

5. 가: 아르바이트하는데 _____ 커피를 쏟았어요.
   나: 또 실수를 _____? 앞으로 좀 더 조심하세요.

6. 내가 케이크를 떨어뜨려서 생일 파티를 _____고 말았다.

7. 가: 차를 샀다고요? 그럼 이제 차로 고향에 갈 수 있겠네요.
   나: 아직 운전이 _____아/어서 먼 곳까지는 못 가요.

연습 2 〈보기〉에서 알맞은 어휘를 골라 대화를 완성해 보세요.

보기	변명하다	반성하다	함부로	착각하다	오해를 풀다

가: 너 어제 다른 여자랑 영화를 봤다며?
나: 내가 영화 본 걸 어떻게 알았어? 아니, 그게…….
가: 내 친구가 다 봤대. 그러니까 1._____지 마.
나: 그게 아닌데……. 내 말 듣고 2._____. 어제 내 친구 민호랑 영화 봤어.
가: 뭐? 민호랑?
나: 그래. 민호가 머리가 길어서 네 친구가 민호를 여자로 3._____았/었나 봐.
가: 정말이야? 아, 내가 잘 알아보지 않고 4._____ 의심해서 미안해.
나: 괜찮아. 그럴 수도 있지.
가: 아냐. 화부터 낸 걸 5._____고 있어. 다음엔 네 말부터 들어볼게.

새 어휘 깨우다 To wake up

문법 1

V-다시피

① 듣는 사람이 지각하는 내용과 같다는 것을 나타낼 때 사용해요.
This is used when what is perceived matches what is stated.

② 어떤 동작과 비슷하다는 것을 나타낼 때 사용해요.
This is used when the action resembles something else.

동사	받침 O	-다시피	알다: 알 + -다시피 ➡ 알다시피
	받침 X		오다: 오 + -다시피 ➡ 오다시피

1. 시간이 없어서 **뛰다시피** 걸었다.
2. 너도 **느꼈다시피** 오늘 회사 분위기가 안 좋아.
3. 친구는 시험 기간에는 도서관에서 **살다시피** 해요.
4. 라디오 뉴스에서 **들었다시피** 이번 여름은 더울 거라고 합니다.

Tip!
①의 용법으로 사용할 때는 주로 '보다, 듣다, 느끼다, 알다…'와 같은 지각 동사와 사용해요.
When used as ①, it typically appears with sensory verbs like see, hear, feel, or know.

②의 용법으로 사용할 때는 '-다시피 하다'의 형태로도 자주 사용돼요.
When used as ②, it is also often used in the form '-다시피 하다'.

예 나는 너무 아파서 매일 병원에 가다시피 했다.

💬⁺ 다음 어휘를 사용하여 이야기해 보세요.

| 보기 | 보다 | 가: 오늘 날씨가 어떻습니까?
나: 보다시피 비가 오고 좀 추워요. |

1. **알다** 여러분의 고향에서 가장 유명한 사람/장소/음식은 무엇입니까?
2. **듣다** 최근에 가장 놀란 소식이 뭐예요?
3. **느끼다** 여러분의 성격은 어떻습니까?

연습 1 〈보기〉에서 알맞은 어휘를 골라 대화를 완성해 보세요.

| 보기 | 나누다 | 느끼다 | 밤을 새우다 | 소리를 지르다 | 쓰다 | 말하다 | 듣다 |

1. 가: 어제도 별로 못 잤어요? 정말 피곤해 보이네요.

   나: 최근에 맡은 업무가 너무 많아져서 매일 _____ 야근해요.

2. 가: 전화하는데 왜 그렇게 크게 말해요?

   나: 할머니 *귀가 어두우셔서 _____ 말해야 해요.

3. 가: 오늘 비가 많이 올까요?

   나: 아까 라디오에서 같이 _____ 오늘은 비가 안 올 거예요.

4. 가: 이번에 들어온 신입 사원은 어떤 부서에 보내기로 했습니까?

   나: 회의 때 이야기를 _____ *일손이 가장 필요한 부서로 보내기로 했습니다.

5. 가: 선생님의 *강의 잘 들었습니다. 다음 강의 주제는 무엇인가요?

   나: 제가 강의 때 _____ 다음에는 한국의 *식문화에 대해 강의할 예정입니다.

6. 가: 마리아가 요즘 무슨 일이 있는 것 같아.

   나: 맞아. 너도 _____ 안 좋은 일이 생겨서 요즘 우울해한대.

7. 가: 저는 열심히 일하는데 왜 항상 쓸 돈이 모자랄까요?

   나: 월급을 받는 대로 쇼핑하는 데 돈을 다 _____ 하니까 그렇죠. 쇼핑을 좀 줄여 보세요.

새 어휘 귀가 어둡다 To be hard of hearing   일손 Workforce   강의 Lecture   식문화 Food culture

문법 2

V/A-는/(으)ㄴ 줄 알다/모르다

- 잘못 알았거나 몰랐다가 그 사실을 알게 되었다는 것을 나타낼 때 사용해요.
  This expression is used to indicate the speaker has realized a fact that was previously unknown or misunderstood.

동사	받침 O	–는 줄 알다/모르다	맡다:	맡 + –는 줄 알다/모르다 → 맡는 줄 알다/모르다
	받침 X		참석하다:	참석하 + –는 줄 알다/모르다 → 참석하는 줄 알다/모르다
형용사	받침 O	–은 줄 알다/모르다	맑다:	맑 + –은 줄 알다/모르다 → 맑은 줄 알다/모르다
	받침 X	–ㄴ 줄 알다/모르다	예쁘다:	예쁘 + –ㄴ 줄 알다/모르다 → 예쁜 줄 알다/모르다

1. 아, 아이가 자요? 저는 **공부하는 줄 알았어요**.
2. 사람들이 많이 **올 줄 모르고** 음식을 적게 준비했어요.
3. 어제 야근했다고요? 어제 일찍 **퇴근한 줄 알았어요**.
4. 저는 옆집 사람이 **경찰인 줄 몰랐어요**.

💬⁺ 한국에 오기 전까지 잘못 생각하고 있었거나 새롭게 알게 된 것을 이야기해 보세요.

보기

한국 음식	저는 한국 음식은 다 매운 줄 알았어요. 저는 안 매운 한국 음식이 많은 줄 몰랐어요.

질문	대답
1. 한국 생활	
2. 한국어 공부	
3. 서울의 교통	
4. 한국의 날씨	

연습 1 배운 문법을 사용하여 대화를 완성해 보세요.

1. 가: 이 전시회가 아주 유명한가 봐요. 관람객이 정말 많네요.

   나: 저도 미술관에 이렇게 사람이 _____ 몰랐어요. 주말이라서 더 많은 것 같아요.

2. 가: 저분이 우리 어머니세요.

   나: 어머니가 이렇게 _____ 몰랐어요. 아주 미인이시네요.

3. 가: 회식이 오늘 아니에요?

   나: 아니요. 회식이 _____ 알았어요? 제가 내일이라고 했잖아요.

4. 가: 집에 마시던 우유가 남았는데 또 샀어요?

   나: 어, 저는 다 _____ 알고 사 왔어요.

5. 가: 여보세요? 지금 회의하고 있어서 나중에 전화할게요.

   나: 미안해요. 저는 회의가 이미 _____ 알았어요.

6. 가: 여행 잘 다녀와.

   나: 너는 안 가? 네가 같이 안 _____ 몰랐어. 아쉽다.

7. 가: 저는 요즘 혼자 살아요.

   나: 아, 그래요? 지금도 지금도 룸메이트랑 같이 _____ 알았어요.

8. 가: 아침에 우산 안 챙겼어요? 오후에 비가 온다고 해요.

   나: 오후에 비가 _____고 안 가져왔어요.

10과 나는 동생이 한국어를 많이 배운 줄 알았지. 173

문법 3

V-아/어 대다

- 어떤 바람직하지 않은 행동을 지나치게 여러 번 반복한다는 것을 나타낼 때 사용해요.
  This is used to indicate that a certain undesirable behavior has been repeated excessively.

동사	ㅗ, ㅏ	-아 대다	잡다:	잡 + -아 대다	→ 잡아 대다
	ㅗ, ㅏ X	-어 대다	마시다:	마시 + -어 대다	→ 마셔 대다
	하다	-해 대다	말하다:	말하 + -해 대다	→ 말해 대다

1. 자꾸 술만 **마셔 대지** 말고 음식도 좀 먹어.
2. 빵 만드는 연습을 하느라 주말 내내 빵만 **구워 댔어요**.
3. 옆집 사람이 밤마다 노래를 **불러 대서** 잠을 못 자요.
4. 단 음식을 그렇게 **먹어 대면** 건강이 나빠질 거예요.

〈보기〉와 같이 이야기해 보세요.

보기
학교에 지각하다 → 그렇게 학교에 지각해 대면 공부를 제대로 못해요.

1. 거짓말을 하다
2. 담배를 피우다
3. 쇼핑에 돈을 쓰다
4. 야식을 먹다

연습 1 〈보기〉에서 알맞은 어휘를 골라 대화를 완성해 보세요.

보기 쉬다   뛰다   부르다   변명하다   *조르다   찍다   울다

1. 가: 오늘 늦은 건 버스 때문이야. 버스가 평소보다 늦게 왔거든.

   나: 자꾸 _____지 말고 앞으론 일찍 나와.

2. 가: 엄마, 저거 사 줘요. 네? 사 주세요. 한 번만 사 줘요.

   나: 그렇게 _____아/어도 못 사 주니까 그만해.

3. 가: 위층에서 아이들이 _____니까 스트레스를 받아요.

   나: 아이들이 어려서 그런 거니까 이해해 줍시다.

4. 가: 잠깐! 먹지 말고 기다려. SNS에 사진 올려야 돼.

   나: 제발 사진 좀 그만 _____고 그냥 먹자. 배고파.

5. 가: 엄마, 언니는 왜 종일 한숨만 _____?

   나: 남자 친구랑 싸운 것 같던데? 그냥 *내버려둬.

6. 가: 아기 돌보는 게 이렇게 힘들 줄 몰랐어요.

   나: 맞아요. 저는 아이가 너무 _____아/어서 밤에 잠을 못 잘 때가 제일 *괴로웠어요.

7. 가: 사장님이 너 찾으셔.

   나: 아, 무슨 일만 생기면 _____니 쉴 시간이 없네.

새 어휘 조르다 To beg   내버려두다 To leave alone   괴롭다 To be distressed

말하기

유코: 지난번에 작다고 한 신발은 가게에 가서 바꿨어? 아, 저 가방에 있는 신발이야?
빈슨: 어. 내가 가져온 거야. 그런데…….
유코: 그런데 뭐?
빈슨: 상사가 어제까지 일을 다 *마무리해야 한다고 서둘러 대서 동생을 백화점에 대신 보냈거든.
유코: 네 동생은 한국에 온 지 얼마 안 됐잖아. 아직 한국어가 많이 서투를 텐데…….
빈슨: 나는 동생이 자기가 가겠다고 해서 한국어를 많이 배운 줄 알았지. 그런데 *얘가 무슨 말인지 잘 못 알아듣고 점원에게 "네, 네." 하다가 더 작은 사이즈로 바꿔 온 거야.
유코: 그랬구나. 그럼 다시 가서 바꾸면 되지.
빈슨: 보다시피 가져오긴 했는데 다시 가기가 좀 창피해서 고민하고 있어. 이럴 줄 알았으면 내가 가는 건데 내가 일을 망쳤어.
유코: 일부러 그런 것도 아니고 실수로 그런 건데 창피해할 것 없어. 동생에게 실수를 저질렀다고 너무 *나무라지도 마. 동생은 널 도와주려다가 그런 거잖아.
빈슨: 맞아. 네 말을 들으니까 내 행동을 반성하게 되네. 내가 동생한테 너는 그런 한국어도 이해를 못하냐고 *뭐라고 했는데 미안하다고 사과하고 다시 화해해야겠어.
유코: 그래. 오늘은 나랑 백화점에 가자. 안 그래도 백화점에 가려고 했거든.

연습 1 대화를 듣고 질문에 대답해 보세요.

1. 빈슨은 왜 신발을 바꾸려고 했습니까?
2. 빈슨의 동생은 왜 신발을 잘못 바꿔왔습니까?
3. 빈슨은 자신의 어떤 행동을 반성하고 있습니까?
4. 두 사람은 오늘 무엇을 하기로 했습니까?

연습 2 아래 어휘를 사용하여 친구와 대화 연습을 해 보세요.

서두르다	*잔소리하다	계속 일을 시키다
한국어를 많이 배웠다	한국어를 어느 정도 하다	한국어 실력이 괜찮다
보다	너도 알다	아까 말했다
"너는 그런 한국어도 이해를 못해?"	"너는 한국어 공부를 하고 있는 거야?"	"앞으로 한국어 공부 열심히 해."

연습 3 한국어 때문에 실수한 경험에 대해서 이야기해 보세요.

저는 처음 한국에 왔을 때 친구하고 이야기 하다가 실수를 한 적이 있습니다. 친구가 여행 이야기를 하면서 "마이클 씨도 우리랑 같이 가고 싶지 않아요?"라고 말했습니다. 저도 여행을 좋아하니까 "네."라고 해야 했습니다. 그런데 저는 잘못 이해해서 "아니요."라고 말했습니다…

언제, 어디에서 그 일이 있었습니까?
무슨 일이 있었습니까?
그 문제를 어떻게 해결했습니까?
그때의 기분은 어땠습니까?

새 어휘 마무리 Wrap-up 얘 (informal way) This person 나무라다 To scold 뭐라고 하다 To complain/grumble
잔소리하다 To nag

듣기

준비 여러분은 문화가 달라서 당황하거나 오해를 받은 적이 있습니까?

연습 1 잘 듣고 맞으면 O, 틀리면 X 표시해 보세요.

1. 여자는 *리포트가 늦어서 교수님의 주의를 받았다.　　O　X

2. 여자는 교수님의 눈을 보지 않고 이야기를 들었다.　　O　X

3. 여자는 교수님이 기분 나빠하시는 원인을 착각했다.　　O　X

4. 여자는 남자의 말을 듣고 자신의 실수를 *깨달았다.　　O　X

5. 남자는 친구들이 음식을 많이 먹어서 당황했다.　　O　X

연습 2 다시 한번 잘 듣고 질문에 맞는 답을 해 보세요.

1. 여자는 왜 교수님이 말씀하실 때 눈을 똑바로 쳐다봤습니까?
   _____

2. 남자는 친구들의 어떤 행동에 당황했습니까?
   _____

연습 3 잘 듣고 빈칸을 채워 보세요.

1. 나는 리포트가 늦어서 _____ 죄송하다고 하고 용서를 구했지.

2. _____ 우리 고향에서는 눈을 보면서 이야기를 듣는 게 예의잖아.

3. 나는 당연히 _____.

4. 친구들이 내가 시킨 음식도 _____ 거야.

새 어휘 리포트 Report   깨닫다 To realize   제때 On time   실례 Rudeness

읽기

　누구나 살면서 실수를 하고 착각도 한다. 그러나 어떤 착각은 큰 변화를 가져오기도 한다. 미국을 유럽에 소개한 '콜럼버스'가 그 예이다. 크리스토퍼 콜럼버스 (1451~1506)는 이탈리아 사람으로 배를 타고 다니며 *탐험을 했다. 그때 유럽 사람들은 *인도에 많은 금이 있다고 믿었다. 그 말을 믿은 콜럼버스는 배를 타고 인도로 갈 계획을 세웠다. 1492년 콜럼버스는 배 세 *척과 함께 인도를 찾는 탐험을 시작했다. 오랫동안 배를 타고 가도 땅은 보이지 않았고 배에 타고 있던 사람들은 불평을 해 댔다. 그러던 어느 날, 그들의 앞에 작은 섬이 나타났다. 콜럼버스는 뛰다시피 기뻐하며 "이곳은 이제부터 스페인의 땅이다"라고 말하고 그곳에 살던 사람들을 '인디언'이라고 불렀다. 인디언은 '인도 사람'이라는 뜻이다. 그러나 그들은 인도말을 사용하지 않았고 그곳에는 콜럼버스가 찾던 금도 없었다. 콜럼버스가 인도인 줄 알았던 그곳은 사실 현재 미국 *플로리다에 위치한 작은 섬이었는데 콜럼버스는 그곳을 인도라고 착각했던 것이다. 그러나 콜럼버스는 죽을 때까지 자신이 발견한 곳이 인도라고 믿었다고 한다. 그러나 그의 발견으로 스페인은 *아메리카 대륙으로 *진출하게 되었고 감자 등의 식재료가 유럽과 아시아에 전해지는 *계기가 되는 등 그의 실수는 이후 *세계 역사를 크게 바꿔 놓았다.

새 어휘 　탐험 Exploration　　인도 India　　척 The counter for ships　　플로리다 Florida
아메리카 대륙 American continent　　진출하다 To advance into　　계기 Trigger　　세계 World

연습 1 글을 읽고 질문에 대답해 보세요.

1. 콜럼버스는 어떤 착각을 했습니까?

   _____

2. 콜럼버스의 착각이 세계 역사에 어떤 영향을 주었습니까? 한 가지 예를 써 보세요.

   _____

콜럼버스가 아메리카 대륙을 발견하지 못했다면 세계 역사는 어떻게 바뀌었을까요? 이야기해 보세요.

 ## 쓰기

다른 사람에게 오해를 받았던 경험에 대해 써 보세요.

※194P에 에 '-(느)ㄴ다'를 사용하여 300~400자의 글로 완성해 보세요.

1. 다른 사람이 나를 어떻게 오해했습니까?

2. 나를 오해한 이유는 무엇이었습니까?

3. 그 후에 나는 어떻게 했습니까?

한국어 더하기 — 다의어

감다

  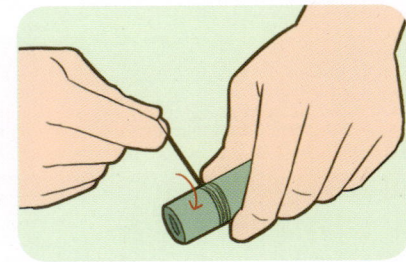

눈을 감다 머리를 감다 (실을) 감다

풀다

  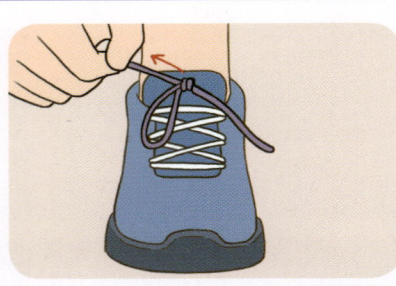

(문제를) 풀다 (스트레스를) 풀다 (*끈을) 풀다

맞다

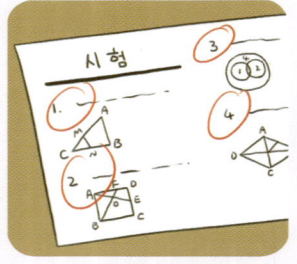 

(답이) 맞다 (머리를) 맞다

쓰다

 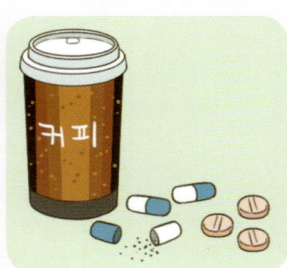

(편지를) 쓰다 (맛이) 쓰다

연습 1 어울리는 단어를 찾아 연결해 보세요.

1. 눈을
2. 커피가
3. 시험 문제를
4. 문제의 답이
5. *샴푸로 머리를
6. 생일 카드를
7. 형에게 머리를
8. 화를

a. 감다
b. 풀다
c. 맞다
d. 쓰다

연습 2 알맞은 단어를 골라 문장을 완성해 보세요.

| 감다 | 풀다 | 맞다 | 쓰다 |

1. 약이 _____니까 먹고 나서 이 사탕을 드세요.

2. 동생이 추워 보여서 목에 목도리를 _____아/어 줬다.

3. 나는 운동화 끈을 _____고 운동화를 벗었다.

4. 지난 시험이 쉬워서 학생들이 쓴 답이 다 _____.

5. 머리에 더러운 것이 *묻어서 머리를 _____.

6. 스트레스를 받았을 때는 운동을 하면서 스트레스를 _____.

💬⁺ 여러 의미를 가지고 있는 한국어 단어로는 무엇이 있는지 말해 보세요.

새 어휘 끈 String   샴푸 Shampoo   묻다 To be stained with

원고지 사용법

1. 원고지의 한 칸에는 한 자씩 씁니다.

2. 아라비아 숫자(1, 2, 3, 4...)는 한 칸에 두 자씩 씁니다.

3. 영어 알파벳 대문자(A, B, C...)는 한 칸에 한 자씩, 소문자(a, b, c...)는 한 칸에 두 자씩 씁니다.

	저	는		10	년		전	에		그	린	한	국	어
학	원	에	서		공	부	한		A	nd	y		예	요	.

4. 글을 처음 시작할 때와 문단이 바뀔 때는 그 줄의 첫 칸을 비우고 둘째 칸부터 쓴다.

5. 띄어쓰기를 할 때에는 한 칸을 비우고 이어서 씁니다.

6. 줄의 끝에서 비울 칸이 없는 경우 띄어 쓰지 않고 다음 줄 첫 칸부터 쓴다.

	여	러	분	은		한	국	의		축	제	에		가
본		적	이		있	습	니	까	?					

7. 느낌표(!)나 물음표(?)는 글자와 마찬가지로 한 칸에 쓰고 이어지는 글은 띄어씁니다.

8. 마침표(.)나 쉼표(,)는 한 칸에 쓰는데, 이어지는 글은 한 칸을 띄지 않고 다음 칸에 바로 씁니다. 마침표나 쉼표 등의 문장 부호는 첫 칸에 오지 않으며, 윗줄의 마지막 칸 글자 옆이나 칸 밖에 씁니다.

	와	,	여	기		보	세	요	.	벚	꽃	이		너
무		예	쁘	지	요	?								

9. 말 줄임표(……)는 두 칸을 사용합니다.

	시	험	만		아	니	면		갈		수		있	는
데	…	…												

10. 큰따옴표(" "), 작은따옴표(' ')는 칸의 구석에 치우치도록 씁니다. 따옴표는 마침표와 한 칸에 같이 씁니다.

	"	책	을		읽	자	.	'	가	을	은		독	서
의		계	절	'	이	라	고		했	어	. "			

쓰기 활동을 위한 원고지

1과 사람들이 행복한 듯 웃는 얼굴로 사탕을 고르고 있어요.

기억에 남는 데이트나 앞으로 해 보고 싶은 데이트 중 하나를 써 보세요.

〈나의 기억에 남는 데이트〉
1. 언제, 어디에서 데이트를 했습니까?
2. 그곳에서 연인과 무엇을 했습니까?
3. 왜 그 데이트가 기억에 남습니까?

〈꼭 해 보고 싶은 데이트〉
1. 어디에서 데이트를 하고 싶습니까?
2. 데이트에서 연인과 무엇을 해 보고 싶습니까?
3. 그 데이트를 해 보고 싶은 이유는 무엇입니까?

'-(느)ㄴ다'를 사용하여 300~400자의 글로 완성해 보세요.

2과   저희가 드디어 부부의 인연을 맺고자 합니다.

여러분이 생각하는 배우자의 조건 세 가지와 그 이유를 써 보세요.

배우자의 조건 1 _____
배우자의 조건 2 _____
배우자의 조건 3 _____

'–(느)ㄴ다'를 사용하여 300~400자의 글로 완성해 보세요.

3과   저에게 반려 식물이란 항상 저를 바라봐 주는 친구예요.

반려 동식물을 키울 때 무엇을 주의해야 하는지 써 보세요.

1. 반려 동식물을 키우기 전에 무엇을 준비해야 합니까?
2. 반려 동식물을 키우는 것의 장/단점은 무엇입니까?
3. 반려 동식물을 키울 때 어떤 점에 주의해야 합니까?

'–(느)ㄴ다'를 사용하여 300~400자의 글로 완성해 보세요.

4과　힘들더라도 스트레칭은 바른 자세로 해야 돼요.

여러분이 가지고 있는 건강에 좋은 습관과 나쁜 습관을 써 보세요.

1. 여러분의 습관 중 건강에 좋은 습관은 무엇입니까? 그것은 건강에 어떻게 좋습니까?
2. 여러분의 습관 중 건강에 나쁜 습관은 무엇입니까? 그것은 건강에 어떻게 나쁩니까?
3. 여러분의 건강을 위해 기르고 싶은 습관은 무엇입니까? 그 이유는 무엇입니까?

'-(느)ㄴ다'를 사용하여 300~400자의 글로 완성해 보세요.

5과 저는 우리나라를 사랑하므로 대통령이 되겠습니다.

여러분이 직업을 선택하는 기준은 무엇인지 써 보세요.

1. 직업 선택 기준 3가지는 무엇입니까?
2. 그 이유는 무엇입니까?
3. 그 기준에 맞는 직업에는 무엇이 있습니까?

'-(느)ㄴ다'를 사용하여 300~400자의 글로 완성해 보세요.

6과　내일은 5월 15일 스승의 날이잖아.

여러분 나라에서 가장 중요한 기념일을 소개해 보세요.

1. 기념일의 이름은 무엇이며 날짜는 언제입니까?
2. 그날을 기념하는 이유는 무엇입니까?
3. 그 기념일에 사람들은 무엇을 합니까?

'-(느)ㄴ다'를 사용하여 300~400자의 글로 완성해 보세요.

7과 아버지의 누나가 한국에 놀러 오셨다고요?

여러분은 한국어 호칭 때문에 당황하거나 실수를 한 경험을 써 보세요.

1. 여러분은 한국어의 호칭 중에 어떤 것이 어려웠습니까?
2. 여러분 나라에서는 가족 간에/직장에서 어떤 호칭을 사용합니까?
3. 그것은 한국의 호칭과 어떻게 다릅니까?

'-(느)ㄴ다'를 사용하여 300~400자의 글로 완성해 보세요.

8과 자원을 낭비하는 한 환경 오염은 더 심각해지겠군요.

여러분이 환경 보호를 위해 생활 속에서 실천하고 있는 일이 있다면 소개해 보세요.

여러분은 환경 보호를 위해 무엇을 합니까?

그것은 환경에 어떻게 도움이 됩니까? 3가지를 써 보세요.

'-(느)ㄴ다'를 사용하여 300~400자의 글로 완성해 보세요.

9과 지난주에도 밤새울 정도로 열심히 공부했어.

평소에 고치고 싶은 버릇이나 습관에 대해 써 보세요.

1. 고치고 싶은 버릇이나 습관은 무엇입니까?
2. 왜 그 버릇이나 습관을 고치고 싶습니까?
3. 그 버릇이나 습관을 고치려면 어떤 노력이 필요합니까?

'-(느)ㄴ다'를 사용하여 300~400자의 글로 완성해 보세요.

10과 나는 동생이 한국어를 많이 배운 줄 알았지.

다른 사람에게 오해를 받았던 경험에 대해 써 보세요.

1. 다른 사람이 나를 어떻게 오해했습니까?
2. 나를 오해한 이유는 무엇이었습니까?
3. 그 후에 나는 어떻게 했습니까?

'-(느)ㄴ다'를 사용하여 300~400자의 글로 완성해 보세요.

듣기 지문 Listening Script

1과

 pp. 26-27

남자: 안녕. 왔어?
여자: 안녕. 어? 너 뭐야? 오늘 왜 이렇게 차려입었어?
남자: 소개팅을 하고 왔거든.
여자: 오오! 어땠어? 설마 사랑에 빠진 거야?
남자: 야, 놀리지 마. 근데 나 정말 첫눈에 반한 것 같아. 이야기를 해 보니까 오래 사귄 듯 마음도 잘 통하고…… 내 운명인가?
여자: 진심인가 보네. 그래서, 다시 만나기로 했어?
남자: 당연하지. 기억에 남는 첫 데이트를 준비해 주고 싶은데 뭘 하면 좋을까?
여자: 글쎄, 내 생각에는 둘이 뭔가를 같이 하면 좋을 것 같아.
남자: 둘이 같이?
여자: 응. 어떤 게 좋을까? 아! 요리 교실 같은 것도 좋아. 같이 요리를 만들면서 이야기도 나눌 수 있고 해서 쉽게 친해지더라고.
남자: 그거 좋네. 선물도 하나 할까?
여자: 좋긴 하지만 처음부터 너무 비싼 선물을 하면 오히려 부담스러워할 수도 있어. 너는 친절한 게 매력이니까 너의 매력을 느낄 수 있게 잘 대해 줘. 작은 배려가 큰 감동을 줄 때도 많거든. 그러면서 눈 깜짝할 사이에 가까워지는 거지. 어느 정도 친해지면 그 여자에게 직접 어떤 데이트를 하고 싶은지 물어보는 것도 좋아. 넌 앞으로 이 연애 선배님의 말대로만 해.
남자: 네, 선배님! 많은 조언 부탁합니다!

MP3 08   p. 27

1. 이야기를 해 보니까 오래 사귄 듯 마음도 잘 통하고…… 내 운명인가?
2. 같이 요리를 만들면서 이야기도 나눌 수 있고 해서 쉽게 친해지더라고.
3. 너는 친절한 게 매력이니까 너의 매력을 느낄 수 있게 잘 대해 줘.
4. 그러면서 눈 깜짝할 사이에 가까워지는 거지.

2과

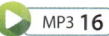 pp. 42-43

남자: 너는 배우자의 조건으로 뭐가 제일 중요하다고 생각해?
여자: 글쎄, 중요한 게 한두 가지가 아니라서 하나만 고르기가 어렵네.
남자: 어제 뉴스에서 미혼 남녀들이 중요하게 생각하는 배우자의 조건을 알아보고자 조사한 결과를 봤어. 그런데 대답한 사람의 절반 이상이 성격을 골랐대.
여자: 역시 그렇구나. 계속 같이 살 사람인데 성격이 잘 맞는 것이 가장 중요할 것 같았거든. 그 다음은 뭐야?
남자: 그 다음으로는 직업이 2위, 재산이 3위야.
여자: 경제력과 관계가 있네. 결혼을 할 때 돈을 무시할 수는 없지. 사랑만 먹고 살 수는 없으니까.
남자: 그렇지. 경제적인 문제로 인해 이혼하는 부부들이 많은 것이 사실이니까 결혼할 때 이런 점들도 생각해 봐야 할 것 같아.
여자: 그런데 나는 사람들이 외모를 배우자의 조건으로 중요하게 생각할 것 같았는데…….
남자: 외모가 그 다음이니까 외모도 배우자의 중요한 조건 중 하나라고 할 수 있지.
여자: 그러네. 배우자의 조건을 보는 것을 나쁘게 생각하는 사람도 있지만 나는 상대방의 조건을 잘 살펴보고 결혼을 결정하는 것이 좋다고 봐.
남자: 네 말도 맞아. 그런데 성격이며 직업이며 이런 배우자의 조건이 여자 친구도 없는 나에게 무슨 의미가 있지?
여자: 이런…….

MP3 17   p. 43

1. 어제 뉴스에서 미혼 남녀들이 중요하게 생각하는 배우자의 조건을 알아보고자 조사한 결과를 봤어.
2. 경제적인 문제로 인해 이혼하는 부부들이 많은 것이 사실이니까 결혼할 때 이런 점들도 생각해 봐야 할 것 같아.
3. 배우자의 조건을 보는 것을 나쁘게 생각하는 사람도 있지만 나는 상대방의 조건을 잘 살펴보고 결혼을 결정하는 것이 좋다고 봐.
4. 그런데 성격이며 직업이며 이런 배우자의 조건이 여자 친구도 없는 나에게 무슨 의미가 있지?

3과

  pp. 60-61

여자: 현대의 우리 생활에서 반려동물은 아주 중요한 부분이 됐어요. 그런데 사람들과 반려동물이 잘 지내려면 펫티켓을 잘 지키는 것이 중요해요. 펫티켓이란 반려동물을 의미하는 펫(Pet)과 예절을 의미하는 에티켓(Etiquette)을 합친 말로 공공장소에서 주인과 주변 사람들이 반려동물과 함께 지켜야 하는 예절을 의미해요. 여러분도 다음의 펫티켓을 잘 알아두세요! 펫티켓 하나! 외출할 때는 2m 이내의 목줄을 해 주세요. 이렇게 하면 동물을 싫어하거나 무서워하는 이웃을 배려할 수 있으며 소중한 반려동물을 사고에서 보호할 수 있어요. 펫티켓 둘! 외출할 때는 배변 봉투를 준비하세요. 반려동물이 밖에서 일을 보면 빨리 치워 주세요. 그냥 가 버리면 거리가 더러워지고 다른 사람들이 불편해해요. 반려동물을 키우는 주인으로서 반려동물이 한 일은 나의 책임이라는 거, 잊지 마세요. 펫티켓 셋! 다른 사람의 반려동물을 마음대로 만지면 안 돼요. 반려동물을 만져도 되냐고 꼭 주인에게 먼저 물어봐야 해요. 먹을 것을 마음대로 주는 것도 안 돼요. 펫티켓 넷! 엘리베이터를 탈 때는 반려동물을 안거나 목줄을 짧게 잡아 주세요. 모든 이웃이 동물을 좋아하는 건 아니거든요. 펫티켓은 사람이 반려동물과 행복하게 살기 위한 기본 예절이니까 모두 지켜 주세요!

MP3 27 p. 61

1. 펫티켓이란 반려동물을 의미하는 펫(Pet)과 예절을 의미하는 에티켓(Etiquette)을 합친 말로 공공장소에서 주인과 주변 사람들이 반려동물과 함께 지켜야 하는 예절을 의미해요.
2. 동물을 싫어하거나 무서워하는 이웃을 배려할 수 있으며 소중한 반려동물을 사고에서 보호할 수 있어요.
3. 반려동물을 키우는 주인으로서 반려동물이 한 일은 나의 책임이라는 거, 잊지 마세요.
4. 반려동물을 만져도 되냐고 꼭 주인에게 먼저 물어봐야 해요.

4과

 MP3 35 pp. 76-77

남자: 이 신문 기사 봤어? 요즘 우울증을 앓는 사람이 갈수록 늘고 있대.
여자: 그래? 그거 참 큰일이다. 나도 우울할 때가 가끔 있는데.
남자: 누구나 살다 보면 우울할 때가 있지. 그런데 특별한 일이 없는데 오랜 기간 계속 우울하거나 기운이 없고 아무 일도 하고 싶지 않다면 우울증을 의심해 봐야 한대. 아, 여기 우울증을 예방하는 방법이 있네. 들어 봐. 첫째, 사랑하는 사람들과 함께 시간을 보내십시오. 사랑하는 사람과 시간을 보내고 이야기를 하면 마음이 안정되고 편안해지는 것을 느낄 수 있을 것입니다.
여자: 맞는 말이야. 나도 부모님과 더 많이 대화해야겠어. 또 뭐가 있어?
남자: 둘째. 규칙적으로 운동하십시오.
여자: 운동은 몸 건강에 좋은 거 아니야?
남자: 규칙적인 운동으로 마음의 여유가 생기고 스트레스가 풀린다고 쓰여 있어.
여자: 그럼 좀 힘들더라도 운동하는 습관을 가져 볼까?
남자: 그래. '몸이 건강할수록 마음도 건강하다!' 이런 말도 있잖아. 그래서 우울증을 예방하려면 충분하게 자고 건강에 좋은 음식을 먹는 것도 중요하대. 무엇보다 우울증이 의심되면 꼭 병원에 가서 의사와 상담을 해야 한다고 해.
여자: 그래? 나 요즘 정말 우울한데 혹시 우울증은 아닐까?
남자: 걱정 마. 내일 시험이 끝나고 나면 너의 우울한 마음은 다 사라지고 없을걸.

MP3 36 p. 77

1. 요즘 우울증을 앓는 사람이 갈수록 늘고 있대.
2. 특별한 일이 없는데 오랜 기간 계속 우울하거나 기운이 없고 아무 일도 하고 싶지 않다면 우울증을 의심해 봐야 한대.
3. 그럼 좀 힘들더라도 운동하는 습관을 가져 볼까?
4. 내일 시험이 끝나고 나면 너의 우울한 마음은 다 사라지고 없을걸.

5과

▶ MP3 44 ▶ MP3 45   pp. 94–95

남자: 여보, 무슨 일 있어요? 지난번에는 중요한 일을 맡았다고 기뻐하더니 요즘은 계속 얼굴도 어둡고 의욕도 없어 보여요.
여자: 그래요? 걱정하게 해서 미안해요. 그 일이 아주 중요한 일이라서 잘 끝내고 싶은데 제가 경험을 많이 해 보지도 못한 일이거니와 회의도 많아서 좀 지치네요.
남자: 그랬군요. 그래도 당신의 능력을 회사에서 알아주니 좋은 일이 아닐까요?
여자: 저도 그래서 처음에는 기뻤어요. 이번에 꼭 성과를 올려서 승진해야겠다는 생각에 야근도 자주 했고요. 당신도 알잖아요. 그런데 최근 며칠간은 내가 잘할 수 있을지 걱정이 되더니 이젠 회사에 가기도 싫어졌어요.
남자: 당신은 책임감이 강한 사람이니까 잘하려고 너무 무리하는 것 같아요. 제가 좋아하는 말 중에 이런 말이 있어요. '싸울 때와 싸우지 않을 때를 아는 자가 성공할 것이다.' 다시 말해 '일하지 않는 개인적인 시간도 소중한 시간이므로 일할 때는 일하고 쉴 때는 쉬어야 한다'라는 말 아닐까요?
여자: 당신 말이 맞아요. 제가 마음이 급해서 빨리 일을 진행시키려 하다 보니 스트레스를 많이 받은 것 같아요.
남자: 자, 그럼 오늘 밤은 맛있는 걸 먹으면서 회사일 때문에 생긴 긴장을 풀고 편안하게 쉬는 게 어때요?
여자: 그래요. 하루 쉰다고 무슨 일이 있겠어요? 오늘은 푹 쉬어요.

▶ MP3 46   p. 95

1. 지난번에는 중요한 일을 맡았다고 기뻐하더니 요즘은 계속 얼굴도 어둡고 의욕도 없어 보여요.
2. 그 일이 아주 중요한 일이라서 잘 끝내고 싶은데 제가 경험을 많이 해 보지도 못한 일이거니와 회의도 많아서 좀 지치네요.
3. 다시 말해 '일하지 않는 개인적인 시간도 소중한 시간이므로 일할 때는 일하고 쉴 때는 쉬어야 한다'라는 말 아닐까요?
4. 제가 마음이 급해서 빨리 일을 진행시키려 하다 보니 스트레스를 많이 받은 것 같아요.

6과

▶ MP3 53 ▶ MP3 54   pp. 110–111

남자: 세종대왕이 한글을 만들기 전에, 한국에는 말만 있고 글자가 없었다. 그래서 글자가 필요할 때는 한자를 대신 사용했다. 공부를 할 기회가 없었던 백성들은 다른 나라의 글자가 사용되는 통에 글자를 읽으려야 읽을 수가 없었고 쓰려야 쓸 수가 없었다. 공부를 많이 해서 글자를 읽고 쓸 줄 알았던 양반들 중 일부는 이런 백성들을 돕기는커녕 자신들의 이익을 위해 지식을 나쁘게 이용했다. 이를 안타깝게 여긴 세종대왕은 1443년에 한글을 만들고 1446년 백성들에게 알려 널리 사용하게 했다. 한글을 처음 만들었을 때는 '훈민정음'이라고 불렀는데 1913년 국어 학자였던 주시경 선생이 '한글'이라는 이름을 사용하면서 '한글'이라고 부르게 되었다. 1945년에는 10월 9일을 한글날로 지정하였다. 국경일인 한글날은 한글을 만든 날을 기념하고 한글이 얼마나 소중한지 다시 생각해 보는 날이다. 이날은 다양한 공식 행사들이 열린다. 매년 〈국립한글박물관〉에서는 아름답고 과학적인 한글을 체험할 수 있는 행사가 열리고 전국의 도서관이나 학교에서도 한글에 대한 전시와 교육 프로그램을 준비한다. 또한 '외국인 한국어 말하기 대회'나 '쓰기 대회' 등 외국인을 위한 행사들도 많이 열리니 참여하여 한글날을 기념해 보는 것도 좋겠다.

▶ MP3 55   p. 111

1. 다른 나라의 글자를 사용하는 통에 공부를 할 기회가 없었던 백성들 대부분은 글자를 읽으려야 읽을 수가 없었고 쓰려야 쓸 수가 없었다.
2. 공부를 많이 해서 글자를 읽고 쓸 줄 알았던 양반들 중 일부는 이런 백성들을 돕기는커녕 자신들의 이익을 위해 지식을 나쁘게 이용했다.
3. 국경일인 한글날은 한글을 만든 날을 기념하고 한글이 얼마나 소중한지 다시 생각해 보는 날이다.
4. '외국인 한국어 말하기 대회'나 '쓰기 대회' 등 외국인을 위한 행사들도 많이 열리니 참여하여 한글날을 기념해 보는 것도 좋겠다.

7과

    pp. 128-129

여자: 취직 축하해! 한 달 동안 회사에서 일해 본 소감이 어때?
남자: 좋아. 나이가 비슷한 동료들이 많아서 그런지 말도 잘 통해. 그런데 내가 처음에 실수를 해 버렸어.
여자: 회사에서 실수를 했다고? 뭔데?
남자: 우리 부서에 대리님이 한 분 계시거든. 과장님과 부장님이 항상 '김 대리'라고 부르셔. 그래서 처음에 나도 '김 대리'라고 따라 불렀는데 알고 보니 그렇게 부르면 안 되는 거였어.
여자: 그랬구나. 김 대리님이 기분 나빠하시진 않았어?
남자: 내가 외국인이라서 그런지 그냥 웃으면서 넘어가 주시더라.
여자: 한국의 직장에서의 호칭은 사실 그렇게 어렵지 않아. 상사에게는 이름이나 성 뒤에 직급과 '님'을 함께 붙여서 부르면 돼. 이름이 이민정이고 직급이 과장이면 '이민정 과장님'이나 '이 과장님'이라고 부르면 되지. 부하직원이거나 동료면 '님'을 빼고 부르거나 '이민정 씨'라고 불러도 돼.
남자: 네 말을 듣고 보니 직급만 알면 호칭이 복잡하지는 않구나. 너도 회사에서 박 대리나 박 대리님으로 불리겠네.
여자: 응. 그런데 우리 회사 사람들은 나를 '박 달콤 대리'라는 별명으로 불러.
남자: 별명이 박 달콤이라고? 왜?
여자: 내가 항상 달콤한 간식을 옆에 두고 일하거든. 박 달콤! 귀엽지?

   p. 129

1. 나이가 비슷한 동료들이 많아서 그런지 말도 잘 통해.
2. 회사에서 실수를 했다고? 뭔데?
3. 처음에 나도 '김 대리'라고 따라 불렀는데 알고 보니 그렇게 부르면 안 되는 거였어.
4. 상사에게는 이름이나 성 뒤에 직급과 '님'을 함께 붙여서 부르면 돼.

8과

MP3 72   MP3 73   pp. 144-145

여자: 한국인이 가장 많이 먹는 과일, 바로 사과입니다. 경상도에서 생산되던 사과가 요즘은 강원도에서 많이 생산되고 있다고 하는데요. 그 원인은 환경 오염으로 인한 이상 기후 때문입니다. 기온이 높아지자 사과를 키우는 지역이 북쪽으로 올라오고 있는 것입니다. 이것은 사과만의 이야기가 아닙니다. 환경 오염과 이상 기후는 음식 재료가 생산되는 곳과 재료의 가격에도 영향을 미치고 있습니다.
'지구온난화'라는 단어는 우리에게 익숙해진 지 오래입니다. 지구온난화는 지구를 따뜻하게 하는 한편 전에 없이 기온이 떨어지는 현상을 발생하게 하기도 합니다. 이상 기후로 인하여 계절에 맞지 않게 폭설이 내리기도 하고 심각한 가뭄이나 홍수가 발생하기도 합니다. 이상 기후는 농사에도 나쁜 영향을 미치는 만큼 음식 재료의 가격을 오르게 합니다. 또 폭설로 교통사고가 발생하고 시설이 고장나는 등 이상 기후로 인한 경제적인 피해도 심각합니다.
지구온난화와 이상 기후가 계속되는 한 누구도 그것의 영향을 받지 않을 수 없습니다. 지구온난화와 이상 기후는 우리가 해결해야 할 가장 급한 과제입니다. 내일은 늦습니다. 우리 자신을 위해, 그리고 우리 아이들의 미래를 위해 환경을 보호해야 할 때입니다.

MP3 74   p. 145

1. 기온이 높아지자 사과를 키우는 지역이 북쪽으로 올라오고 있는 것입니다.
2. 환경 오염과 이상 기후는 음식 재료가 생산되는 곳과 재료의 가격에도 영향을 미치고 있습니다.
3. 이상 기후는 농사에도 나쁜 영향을 미치는 만큼 음식 재료의 가격을 오르게 합니다.
4. 지구온난화와 이상 기후가 계속되는 한 누구도 그것의 영향을 받지 않을 수 없습니다.

9과

  pp. 162–163

남자: 여러분, 우리의 건강에 중요한 것은 뭐라고 생각하십니까? 바로 수면이죠. 수면은 우리 건강과 관계있는 매우 중요한 것 중의 하나입니다. 자는 둥 마는 둥 하면 피로해지고 쉽게 짜증이 나며 집중이 안 되어 공부나 일도 잘할 수 없게 됩니다. 그래서 이번 시간에는 잘 자기 위한 올바른 수면 습관에 대해 말씀드리겠습니다.
첫째, 규칙적으로 자고 일어나십시오. 규칙적인 생활을 하다 보면 몸은 그 시간을 기억하게 됩니다. 혹시 일이 있어 늦게 자더라도 같은 시간에 일어나는 것이 좋습니다.
둘째, 긴 낮잠은 피하십시오. 만약 다른 일을 하지 못할 정도로 피곤하다면 10분 정도의 짧은 낮잠을 자는 것이 피로를 푸는 데 좋습니다. 하지만 긴 낮잠은 밤의 수면에 나쁜 영향을 줄 수 있습니다.
셋째, 수면에 좋은 환경을 만드십시오. 불을 켜 놓고 자거나 텔레비전을 보다가 잠드는 것은 좋지 않습니다. 주변이 조용하고 어두워야 깊게 잘 수 있습니다. 편안한 베개와 침대를 고르고 수면에 좋은 온도를 유지하는 것도 중요합니다.
넷째, 잠을 자기 1시간 전부터는 스마트폰이나 노트북을 사용하지 마십시오. 스마트폰을 사용하면 우리 뇌가 긴장하게 돼 쉽게 잠들지 못합니다. 오늘 제 이야기를 들으시는 대로 수면에 나쁜 습관들을 고쳐 보십시오. 여러분의 건강도 돌볼 수 있을 뿐만 아니라 생활의 질이 완전히 달라질 것입니다.

MP3 84 p. 163

1. 자는 둥 마는 둥 하면 피로해지고 쉽게 짜증이 나며 집중이 안 되어 공부나 일도 잘할 수 없게 됩니다.
2. 만약 다른 일을 하지 못할 정도로 피곤하다면 10분 정도의 짧은 낮잠을 자는 것이 피로를 푸는 데 좋습니다.
3. 편안한 베개와 침대를 고르고 수면에 좋은 온도를 유지하는 것도 중요합니다.
4. 오늘 제 이야기를 들으시는 대로 수면에 나쁜 습관들을 고쳐 보십시오.

10과

 MP3 92 pp. 178–179

남자: 리포트 제출일에 늦었다고 걱정하더니 잘 해결됐어?
여자: 리포트는 냈는데 내가 또 실수를 저지르고 말았어.
남자: 왜? 리포트를 잘못 냈어?
여자: 아니. 내 태도 때문에.
남자: 태도가 어땠는데? 교수님의 말씀을 듣는 둥 마는 둥 한 거야?
여자: 아니. 나는 리포트를 제때 내라는 교수님의 말씀을 열심히 듣고 있다는 것을 보여 드리려고 교수님의 눈을 똑바로 쳐다봤는데 교수님께서 기분이 안 좋아 보이셨어. 그래서 나는 리포트가 늦어서 기분이 안 좋으신 줄 알고 죄송하다고 하고 용서를 구했지. 그런데 나중에 친구가 한국에서는 윗사람의 눈을 그렇게 똑바로 쳐다보는 것은 실례라고 했어. 너도 알다시피 우리 고향에서는 눈을 보면서 이야기를 듣는 게 예의잖아.
남자: 문화 차이로 생긴 오해니까 교수님도 아시면 오해를 푸실 거야. 그러고 보니 나도 처음에 문화 차이로 당황했던 적이 있었어.
여자: 너도? 뭔데?
남자: 친구들이랑 식당에 갔어. 나는 당연히 자기 음식을 시켜서 각자 먹는 줄 알았지. 그런데 음식이 나오니까 친구들이 내가 시킨 음식도 같이 먹어 대는 거야. 한국에서는 친구들끼리 그렇게 내 것 네 것 없이 나눠 먹는 일이 많다는 걸 몰랐거든. 지금 생각하면 웃긴데 그때는 당황했어.
여자: 하하하, 역시 다른 나라에서 살려면 그 나라의 문화를 잘 아는 게 중요해.

MP3 93 p. 179

1. 나는 리포트가 늦어서 기분이 안 좋으신 줄 알고 죄송하다고 하고 용서를 구했지.
2. 너도 알다시피 우리 고향에서는 눈을 보면서 이야기를 듣는 게 예의잖아.
3. 나는 당연히 자기 음식을 시켜서 각자 먹는 줄 알았지.
4. 친구들이 내가 시킨 음식도 같이 먹어 대는 거야.

모범 답안 Model answers

1과

어휘와 표현 p. 17

연습 1
1. 한눈을 팔지
2. 신경이 쓰여서
3. 이별하게
4. 사랑에 빠져
5. 운명을 믿니
6. 마음이 통하네
7. 사랑이 식었나 봐

연습 2
1. 첫눈에 반하셨나요
2. 여자로 보이는
3. 매력을 느낀
4. 고백하셨나요
5. 가슴이 뛴다고

문법 1 p. 19

연습 1
1. 가르쳐 주시고 해서
2. 오고 해서
3. 춥고 해서
4. 아프고 해서
5. 생신이고 해서
6. 살고 해서
7. 안 좋고, 찌고 해서
8. (예시) 시험도 있고 해서 집에서 공부하려고 해요.

문법 2 p. 21

연습 1
1. 입지 않은 듯
2. 알아듣는/알아들은 듯
3. 참석할 듯
4. 내릴 듯
5. 아픈 듯
6. 더운 듯
7. 사는 듯

문법 3 p. 23

연습 1
1. 만드는/준비하는 사이에
2. 열어 놓은/연 사이에
3. 씻는/샤워하는 사이에
4. 보내는 사이에
5. 계시는 사이에
6. 보는 사이에
7. 회의하는 사이에
8. 모르는 사이에

말하기 p. 24

연습 1

1.

	날짜	하는 일
밸런타인데이	2월 14일	여자가 사랑하는 남자에게 초콜릿을 줍니다.
화이트데이	3월 14일	남자가 사랑하는 여자에게 사탕을 줍니다.
블랙데이	4월 14일	초콜릿이나 사탕을 못 받은 사람들이 검은 옷을 입고 짜장면을 먹습니다.

2. 살도 찌고 해서 먹지 않습니다.

듣기 pp. 26-27

연습 1
1. O
2. O
3. X
4. O
5. X

연습 2
1. 기억에 남는 첫데이트에 대해 조언하고 있습니다.
2. 향수나 도자기, 작은 인형을 만들을 만들어 보는 것을 추천했습니다.
3. 받는 사람이 부담스러워할 수도 있기 때문입니다.

연습 3

1. 오래 사귄 듯 마음도 잘 통하고
2. 이야기도 나눌 수 있고 해서
3. 친절한 게 매력이니까
4. 너도 모르는 사이에

읽기 p. 29

연습 1

1. 손금으로 보는 연애 스타일에 대해 알아보고 있습니다.
2. 감정선이 둥글게 둘째와 셋째 손가락 사이에 오는 사람입니다.

2과

어휘와 표현 p. 33

연습 1

1. 축의금을
2. 인연을 맺게
3. 책임지고
4. 신혼이라서
5. 선을 보기로
6. 배우자를
7. 식구는

연습 2

1. 결혼식을 올리려고
2. 청혼했고
3. 상견례를
4. 시아버지
5. 시어머니가
6. 장인어른
7. 장모님을
8. 가정을 이루고
9. 사위
10. 며느리가

문법 1 p. 35

연습 1

1. 찾고자
2. 돕고자
3. 높이고자
4. 쌓고자
5. 쓰고자
6. 줄이고자
7. 짓고자

문법 2 p. 37

연습 1

1. 과일이며 과자며
2. 청소며 빨래며
3. 눈이며 코며
4. 지갑이며 돈이며
5. 연기며 음악이며
6. 가수며 선생님이며
7. 케이크며 커피며

문법 3 p. 39

연습 1

1. 상한 음식으로 인해(서)
2. 눈으로 인해(서)
3. 감기로 인해(서)
4. 담배로 인해(서)
5. 시험으로 인한
6. 음주 운전으로 인한
7. 말로 인해(서)

말하기 p. 40

연습 1

1. 청첩장을 주고자 만났습니다.
2. ③
3. 아직 집을 구하지 못해서 당분간 본인의 집에서 살려고 합니다.
4. 타쿠야 씨의 결혼 준비에 대해 이야기하고 있습니다.

듣기 pp. 42-43

연습 1

1. X
2. X
3. X
4. X

5. O

연습 2
1. 성격, 직업, 재산, 외모
2. 경제적인 문제로 인해 이혼하는 부부도 많기 때문입니다.

연습 3
1. 배우자의 조건을 알아보고자
2. 경제적인 문제로 인해 이혼하는
3. 나쁘게 생각하는 사람도 있지만
4. 성격이며 직업이며 이런 배우자의 조건이

읽기   p. 45

연습 1
1. 밥이며 술이며 먹을 것과 함값을 줍니다.
2. 한복으로 갈아입습니다.
3. 신랑의 어머니는 녹색이나 파란색의 한복을, 신부의 어머니는 붉은색의 한복을 입는다.

한국어 더하기   p. 47

연습 1
1. a
2. d
3. f
4. e
5. b
6. c

연습 2
1. 천생연분이군요
2. 눈을 뗄
3. 제 눈에 안경이지
4. 눈에 콩깍지가 씌었군요
5. 국수를 먹게 해
6. 사랑에 빠졌어요

3과

어휘와 표현   p. 51

연습 1
1. 1) 뿌리가 2) 줄기가 3) 잎이
2. 우는
3. 짖는
4. 헤엄쳐서
5. 기어가는

연습 2
1. 정원을
2. 향기도
3. 씨앗을 심고
4. 특성이

문법 1   p. 53

연습 1
1. 일이란
2. 피서란
3. 줄기란
4. 동호회란
5. 휴대폰이란
6. (예시) 치킨하고 맥주를 같이 먹는 걸 줄여서 하는 말이에요.
7. (예시) 좋은 호텔 안에서 맛있는 음식을 먹으면서 편하고 즐겁게 휴식을 취하는 것이에요.

문법 2   p. 55

연습 1
1. 아빠로서
2. 주인으로서
3. 친구로서
4. 딸로서
5. 유학생으로서
6. 경찰로서
7. 상담사로서

문법 3   p. 57

연습 1
1. 들으며
2. 길며
3. 배우며
4. 맑으며
5. 먹으며
6. 다쳤으며

7. 교환하며
8. 찍으며

말하기 p. 58

연습 1

1. 반려 식물이란 마음을 의지하고자 가까이 두고 기르는 식물을 말합니다.
2. 어느 날 친구가 작은 씨앗을 심은 화분을 선물해 줬습니다.
3. 본인의 힘든 일이며 기쁜 일들을 이야기했습니다.
4. 친구로서 이 식물들을 잘 챙기려고 더 부지런해졌습니다.

듣기 pp. 60–61

연습 1

1. O
2. O
3. X
4. O
5. X

연습 2

1. ③
2. 펫티켓을 지켜야 사람들과 반려동물이 잘 지낼 수 있기 때문입니다.

연습 3

1. 지켜야 하는 예절을 의미해요
2. 무서워하는 이웃을 배려할 수 있으며
3. 반려동물을 키우는 주인으로서
4. 만져도 되냐고

읽기 p. 63

연습 1

1.

성실한 모습	무궁화	강한 모습	호랑이
변하지 않는 마음	소나무	포기하지 않는 모습	무궁화
용감한 모습	호랑이		

2. 그 나라의 사람들이 무엇을 소중하게 생각하는지를 알 수 있다.

4과

어휘와 표현 p. 67

연습 1

1. 근육을
2. 우울해요
3. 켜요
4. 가운이 나요/났어요.
5. 지쳤어요
6. 뻗어
7. 여유가 생길

연습 2

1. 스트레칭을
2. 호흡해
3. 펴세요
4. 굽히지
5. 자세를
6. 편안해지는

문법 1 p. 69

연습 1

1. 있을걸요
2. 예쁠걸요
3. 1등을 할걸
4. 화요일일걸요
5. 끝났을걸
6. 추울걸
7. 돌아갔을걸요
8. 알걸

문법 2 p. 71

연습 1

1. 읽을수록/볼수록
2. 많을수록
3. 배울수록
4. 할수록
5. 가까울수록
6. 친할수록

7. 신으면 신을수록
8. 어리면 어릴수록

문법 3 p. 73

연습 1

1. 먹더라도
2. 재미없더라도
3. 자더라도
4. 덥더라도
5. 바쁘더라도
6. 힘든 일이 있더라도
7. 못했더라도
8. 선생님이더라도

말하기 p. 74

연습 1

1. 시험을 준비하느라고 늦게까지 자지 못했습니다.
2. 근육이 뭉쳤을 때 효과가 좋습니다.
3. 가슴이 다리에 닿는다는 생각으로 하는 것이 좋습니다.
4. 몸이 시원해지고 마음도 편안해집니다.

듣기 pp. 76–77

연습 1

1. O
2. X
3. X
4. O
5. O

연습 2

1. ④
2. 1) 마음의 여유가 생깁니다.
   2) 스트레스가 풀립니다.

연습 3

1. 갈수록 늘고 있대
2. 기운이 없고 아무 일도 하고 싶지 않다면
3. 좀 힘들더라도
4. 다 사라지고 없을걸

읽기 p. 79

연습 1

1. 나 – 다 – 가
2. 1) 기운이 나게 합니다.
   2) 여러 병을 예방합니다.

한국어 더하기 p. 81

연습 1

1. a—ㅁ
2. d—ㄷ
3. e—ㄹ
4. b—ㄱ
5. f—ㄴ
6. c—ㅂ

연습 2

1. 빙글빙글 도네요
2. 줄줄 흘러
3. 꽁꽁 얼었어
4. 뚜벅뚜벅 걷는
5. 힐끗힐끗 보나 봐/거리나 봐
6. 벌떡 일어나서

5과

어휘와 표현 p. 85

연습 1

1. 전문직
2. 관리직
3. 사무직
4. 서비스직
5. 영업직
6. 생산직

연습 2

1. 사회생활이
2. 승진한
3. 성과를 올리고
4. 직급이
5. 만족하고
6. 회사에서 잘리지

7. 안정적이지
8. 불균형해지지

문법 1 p. 87

연습 1
1. 눕더니
2. 가더니/다니더니/입학하더니
3. 쉽더니
4. 작더니
5. 마시더니
6. 추더니/연습하더니
7. 아프더니
8. 모으더니

문법 2 p. 89

연습 1
1. 늦었거니와/지각했거니와
2. 아팠거니와
3. 잘생겼거니와/멋있거니와
4. 없거니와
5. 못 부르거니와
6. 덥거니와
7. 달랐거니와
8. 좋거니와/예쁘거니와

문법 3 p. 91

연습 1
1. 내리고 있으므로
2. 일어나므로
3. 수리할 예정이므로
4. 방해가 되므로
5. 다 팔렸으므로

연습 2
1. 낫지 않으므로
2. 튼튼해지므로
3. 먹게 되므로
4. 상하게 하므로

말하기 p. 92

연습 1
1. 대통령이었습니다.
2. 사람들에게 사랑도 많이 받거니와 성공하면 돈도 많이 벌 수 있기 때문입니다.
3. 인터넷에 있는 자료들을 모으고 분석합니다.
4. 퇴근 시간이 규칙적이기 때문입니다.

듣기 pp. 94-95

연습 1
1. X
2. O
3. O
4. X
5. X

연습 2
1. ③
2. 맛있는 음식을 먹을 것입니다.
3. (예시) 여보, 이번 중요한 일이 끝나면 같이 여행 가서 스트레스를 풀어요.

연습 3
1. 중요한 일을 맡았다고 기뻐하더니
2. 경험을 많이 해 보지도 못한 일이거니와
3. 개인적인 시간도 소중한 시간이므로
4. 빨리 일을 진행시키려 하다 보니

읽기 p. 97

연습 1
1. 적성과 흥미입니다.
2. 지난 조사 결과에서는 연봉을 중요하게 생각하더니 이번에는 적성과 흥미를 1위로 꼽았습니다.
3. 우리는 하루의 많은 시간을 회사에 보내거니와 직업은 매우 중요하기 때문입니다.

6과

어휘 p. 101

연습 1
1. 한글날(10월 9일)
2. 어버이날(5월 8일)
3. 광복절(8월 15일)
4. 스승의 날(5월 15일)
5. 개천절(10월 3일)
6. 어린이날(5월 5일)

연습 2
1. 지정되어
2. 행한다
3. 표하기
4. 공식 행사가
5. 국경일은
6. 달아

문법 1 p. 103

연습 1
1. 떡볶이는커녕
2. 갚기는커녕
3. 자동차는커녕
4. 저렴하기는커녕
5. 빠지기는커녕
6. 맛있게 먹기는커녕
7. 매일은커녕/매일 하기는커녕
8. (예시) 저축은커녕 생활비도 모자라요

문법 2 p. 105

연습 1
1. 먹으려야 먹을 수가 없어요
2. 입으려야 입을 수가 없어요
3. 가려야 갈 수가 없었어요
4. 걸으려야 걸을 수가 없어요
5. 도와주려야 도와줄 수 없을
6. 사과하려야 사과할 수가 없었어요
7. 만들려야 만들 수가 없는데
8. 읽으려야 읽을 수가 없어

문법 3 p. 107

연습 1
1. 찍는 통에
2. 내리는 통에
3. 떠드는 통에
4. 그리는 통에
5. 쳐다보는 통에
6. 우는 통에
7. 오지 않는 통에
8. 가져가는 통에

말하기 p. 108

연습 1
1. 내일이 스승의 날이기 때문입니다.
2. 시험에만 신경 쓰고 있습니다.
3. 노래를 못 불러서 노래를 불러 드리지 않으려고 합니다.
4. 사탕, 목도리, 선물, 꽃을 준비해야 합니다.

듣기 pp. 110-111

연습 1
1. X
2. X
3. O
4. O
5. O

연습 2
1. 라 → 다 → 나 → 가
2. ③

연습 3
1. 읽으려야 읽을 수가 없었고 쓰려야 쓸 수가 없었다
2. 이런 백성들을 돕기는커녕 자신들의 이익을 위해
3. 한글이 얼마나 소중한지
4. 외국인을 위한 행사들도 많이 열리니

읽기 p. 113

연습 1
1. 환인, 환웅이, 환웅은, 웅녀와, 단군왕검을
2. 어두운 동굴 안에서 쑥과 마늘만 먹으면서 100일을

참았습니다.
3. 단군왕검이 최초의 나라를 세운 날입니다.

한국어 더하기 p. 115

연습 1
1. 기르고
2. 걱정하지
3. 그만뒀어요
4. 갚아
5. 참가해요

연습 2
1. 고민하고
2. 돌려줬다
3. 고쳤다
4. 기를
5. 포기할
6. 참석

7과

어휘 p. 119

연습 1
1. 외할아버지, 외할머니
2. 큰아버지
3. 삼촌
4. 고모
5. 외삼촌
6. 이모

연습 2
1. 사원
2. 대리
3. 차장
4. 대표

연습 3
1. 별명이
2. 불린다
3. 애칭으로
4. 놀리며

문법 1 p. 121

연습 1
1. 가까워서인지
2. 저렴해서인지
3. 먹어서인지
4. 많아서인지/도와줘서인지
5. 평일이어서인지
6. 피곤해서인지
7. 읽어서인지
8. (예시) 날씨가 더워서인지 아이스크림이

문법 2 p. 123

연습 1
1. 다녀온다고
2. 닮았다고
3. 관광할 거라고요
4. 친구라고
5. 모른다고요
6. 치러 가자고요
7. 누구냐고요
8. 산다고요

문법 3 p. 125

연습 1
1. 듣고 보니
2. 입고 보니
3. 말하고 보니
4. 배우고 보니
5. 살고 보니
6. 만나고 보니
7. 시작하고 보니

말하기 p. 126

연습 1
1. 세 분 계십니다.
2. 이리나 씨가 영상 통화할 때 봤습니다.
3. 키가 커서 '큰 어머니'라고 부른다고 생각했습니다.
4. 가족 간의 호칭을 하나씩 알아가는 재미가 있다고 했습니다.

듣기 pp. 128–129

연습 1
1. O
2. X
3. O
4. X
5. X

연습 2
1. 과장님이나 부장님이 항상 '김 대리'라고 불러서 따라 불렀습니다.
2. 항상 간식을 옆에 두고 일하기 때문입니다.
3. 1) 김민호 과장님/김 과장님
   2) 이민정 대리/이 대리
   3) 신영호 씨

연습 3
1. 동료들이 많아서 그런지
2. 실수를 했다고
3. 알고 보니 그렇게 부르면
4. 함께 붙여서 부르면 돼

읽기 p. 131

연습 1
1. ③
2. 상대방의 나이, 상대방의 위치, 나와의 관계, 직급

8과

어휘 p. 135

연습 1
1. 대기 오염
2. 수질 오염
3. 토양 오염
4. 가뭄
5. 홍수가
6. 폭설이
7. 지구 온난화로

연습 2
1. 영향을 미치고
2. 환경 보호를
3. 에너지 낭비다
4. 자원 낭비다
5. 일회용품은
6. 발생했다

문법 1 p. 137

연습 1
1. 끝나자
2. 칭찬하자
3. 받자
4. 불자

연습 2
1. 섞이자
2. 쓰자
3. 타자
4. 심각해지자
5. 버리자

문법 2 p. 139

연습 1
1. 확인되지 않는 한
2. 먹는 한
3. 노력하는 한
4. 저축하는 한
5. 노는 한
6. 살아 계시는 한
7. 아는 한

문법 3 p. 141

연습 1
1. 버는 만큼
2. 믿어 주시는 만큼
3. 가까운 만큼
4. 승진한 만큼
5. 행사인 만큼
6. 비싼 만큼
7. 읽는 만큼

말하기
p. 142

연습 1

1. 계절마다 옷을 구입합니다.
2. 사람들이 유행에 따라 옷을 자주 구입하기 때문입니다.
3. 옷에서 나오는 미세 플라스틱을 물고기들이 먹어 결국 우리 몸에 들어오기 때문입니다.
4. 꼭 필요한 옷만 입고 오래 입는 습관을 길러야 한다고 했습니다.

듣기
pp. 144–145

연습 1

1. O
2. X
3. O
4. O
5. O

연습 2

1. 기온이 높아졌기 때문입니다.
2. 1) 음식 재료의 가격이 오릅니다.
   2) 교통사고가 발생합니다.
   3) 시설이 고장납니다.
3. (예시) 갑자기 변한 기온 때문에 사람들이 쉽게 병에 걸립니다.

연습 3

1. 기온이 높아지자
2. 음식 재료가 생산되는 곳과 재료의 가격
3. 나쁜 영향을 미치는 만큼
4. 지구온난화와 이상 기후가 계속되는 한

읽기
p. 147

연습 1

1. ②
2. 환경 보호 프로그램을 만들어 시민들이 직접 참여하게 합니다.

한국어 더하기
p. 149

연습 1

1. c, 감소하다
2. d, 내리다
3. a, 떨어지다
4. b, 남다
5. f, 반대하다
6. e, 잊어버리다

연습 2

1. 찬성하세요 / 반대하세요
2. 기억해 / 잊어버렸어
3. 올라서 / 내렸어요
4. 모자라지 / 남았어요
5. 떨어질까 봐 / 붙을
6. 증가하면서 / 감소하였다

9과

어휘
p. 153

연습 1

1. 습관을 길러
2. 한숨을 쉬어
3. 건강을 돌보세요
4. 버릇을 고쳐야
5. 잠버릇이 있어요

연습 2

1. 규칙적인 생활을 하자
2. 정리정돈을 하자
3. 야식을 먹지
4. 할 일을 미루지

문법 1
p. 155

연습 1

1. 청소하는 둥 마는 둥
2. 듣는 둥 마는 둥
3. 찍는 둥 마는 둥
4. 보는 둥 마는 둥
5. 자는 둥 마는 둥
6. 치는 둥 마는 둥
7. 타는 둥 마는 둥
8. (예시) 씻는 둥 마는 둥

문법 2   p. 157

연습 1

1. 읽는 대로
2. 낫는 대로
3. 합격하는 대로
4. 짐을 푸는 대로
5. 졸업하는 대로
6. 여는 대로
7. 오시는 대로

문법 3   p. 159

연습 1

1. 들 수 없을 정도로
2. 먹어도 좋을 정도예요.
3. 배가 아플 정도로
4. 꿈에 나올 정도로
5. 풀 수 있을 정도로
6. 인사도 안 할 정도예요
7. 그만두고 싶을 정도야.

말하기   p. 160

연습 1

1. 일요일에 공부합니다.
2. 아르바이트를 하기 때문입니다.
3. 시간을 아낄 수 있고 공부 스트레스를 덜 받습니다.
4. 수업이 끝나는 대로 복습하는 것이 좋다고 했습니다.

듣기   pp. 162–163

연습 1

1. X
2. X
3. O
4. X
5. O

연습 2

1. ③
2. a, b, c

연습 3

1. 자는 둥 마는 둥 하면
2. 다른 일을 하지 못할 정도로
3. 자기 좋은 온도를 유지하는 것
4. 제 이야기를 들으시는 대로

읽기   p. 165

연습 1

1. ③
2. a–ㄹ
   b–ㄴ
   c–ㄷ
   d–ㄱ

10과

어휘   p. 169

연습 1

1. 화해하고
2. 창피했다
3. 용서를 빌어야
4. 일부러
5. 실수로, 저질렀어요
6. 망치고
7. 서툴러서

연습 2

1. 변명하지
2. 오해를 풀어
3. 착각했나
4. 함부로
5. 반성하고

문법 1   p. 171

연습 1

1. 밤을 새우다시피
2. 소리를 지르다시피
3. 들었다시피
4. 나눴다시피
5. 말했다시피

6. 느꼈다시피
7. 쓰다시피

문법 2 p. 173

연습 1
1. 많은 줄
2. 아름다우신 줄
3. 오늘인 줄
4. 마신 줄
5. 끝난 줄
6. 가는 줄/갈 줄
7. 사는 줄
8. 올 줄 모르고/안 올 줄 알고

문법 3 p. 175

연습 1
1. 변명해 대지
2. 졸라 대도
3. 뛰어 대니까
4. 찍어 대고
5. 쉬어 대요
6. 울어 대서
7. 불러 대시니

말하기 p. 176

연습 1
1. 신발이 작아서 바꾸려고 했습니다.
2. 점원의 말을 잘 못 알아들었기 때문입니다.
3. 동생에게 뭐라고 한 행동을 반성하고 있습니다.
4. 백화점에 가기로 했습니다.

듣기 pp. 178-179

연습 1
1. O
2. X
3. O
4. X
5. X

연습 2
1. 교수님의 말씀을 열심히 듣고 있다는 걸 보여 드리려고 했습니다.
2. 친구들이 내가 시킨 음식도 같이 먹어 대는 모습에 당황했습니다.

연습 3
1. 기분이 안 좋으신 줄 알고
2. 너도 알다시피
3. 자기 음식을 시켜서 각자 먹는 줄 알았지
4. 같이 먹어 대는

읽기 p. 181

연습 1
1. 자신이 발견한 땅을 인도라고 착각했습니다.
2. 스페인은 아메리카 대륙으로 진출하게 되었고 감자 등의 식재료가 유럽과 아시아에 전해지는 계기가 되었습니다.

한국어 더하기 p. 183

연습 1
1. a
2. d
3. b
4. c
5. a
6. d
7. c
8. b

연습 2
1. 쓰니까
2. 감아
3. 풀고
4. 맞았다
5. 감았다
6. 푼다

어휘와 표현 Vocabulary & Expressions

ㄱ

어휘(KOR)	어휘(ENG)
가리키다	To point at
가뭄	Drought
가슴이 뛰다	To have a racing heart
가정을 이루다	To build a family
가족 간의 호칭	Family titles
—간	Between
갈다	To grind
갈아입다	To change clothes
감사를 표하다	To express gratitude
감정선	Heart line
강원도	Gangwon-do
강의	Lecture
강하다	To be strong
갚다	To pay back
개천절	National Foundation Day
건강	Health
건강을 돌보다	To take care of health
격려하다	To encourage
결석하다	To be absent
결심하다	To make up one's mind
결혼	Marriage
결혼식을 올리다	To hold a wedding
경상도	Gyeongsang-do
경제력	Financial power
경제적	To be economical / Financial
계기	Trigger
고모	Father's sister, Aunt
고모부	Aunt's husband
고백하다	To confess one's feelings
공식 행사	Official event
공주님	Princess
과장	Manager
과학적	To be scientific
관계가 있다	To be related
관리직	Managerial job
광복절	Liberation Day
괴롭다	To be distressed
교장	Principal
구별하다	To distinguish
구역	Zone
구입	Purchase
국가	Nation
국경일	National holiday
국립	National
국어	Korean language
귀가 어둡다	To be hard of hearing
규칙적으로	Regularly
규칙적인 생활을 하다	To live regularly
균형	Balance
근거	Basis
근육이 뭉치다	To have stiff muscles
금연	No smoking
기념일	Anniversary
기부하다	To donate
기술	Skill
(뱀이) 기어가다	To slither
기업	Company
기운이 나다	To feel energized
기원전	B.C.
기지개를 켜다	To stretch one's body
깨닫다	To realize
깨우다	To wake up
껍질	Peel
꼽다	To pick
꽤	Quite
꿀	Honey
꿀돼지	Piggy
끈	String

ㄴ

어휘(KOR)	어휘(ENG)
나무라다	To scold
날개(가) 돋치다	To fly off the shelves
남자/여자로 보이다	To see someone as a potential partner
낭비	Waste
낳다	To give birth
내버려두다	To leave alone
내보내다	To discharge
내성적	To be introverted

어휘(KOR)	어휘(ENG)
널리	Widely
넘어가다	To move on
놀리다	To tease
농담하다	To joke
농사	Farming
농사짓다	To farm
높이	Height
뇌	Brain
누군가	Someone
눈을 붙이다	To get some sleep

ㄷ

어휘(KOR)	어휘(ENG)
다가가다	To approach
다리를 뻗다	To extend legs
다투다	To argue
단단하다	To be hard
당구	Billiards
당분간	For the time being
당연히	Of course
대기 오염	Air pollution
대리	Deputy manager
대상	Recipient
대추	Jujube
대통령	President
대표	CEO
덜	Less
데치다	To parboil
도저히	Absolutely not
동굴	Cave
동식물	Plants and animals
동의하다	To agree
두통	Headache
둥글다	To be round
딸	Daughter
땅	Land
뜨다	To become popular
뜻	Meaning

ㄹ

어휘(KOR)	어휘(ENG)
리포트	Report

ㅁ

어휘(KOR)	어휘(ENG)
마늘	Garlic
마무리	Wrap-up
마음 건강	Mental health
마음에 상처를 입다	To get hurt emotionally
마음에 여유가 생기다	To have peace of mind
마음이 통하다	To connect emotionally
마음이 편해지다	To feel at ease
만족	Satisfaction
말실수	Slip of the tongue
말이 통하다	To be on the same page
망치다	To mess up
매력을 느끼다	To feel attracted
머리카락	Hair
멀리	Far away
며느리	Daughter-in-law
모시다	To take care of (honorific)
모자라다	To be short of
목줄	Dog leash
몰래	Secretly
몸 건강	Physical health
몸무게	Body weight
몸이 열개라도 모자라다	Even if I had ten bodies, it wouldn't be enough/swamped
문서	Document
문학	Literature
묻다	To be stained with
뭐라고 하다	To complain/grumble
미끄럽다	To be slippery
미세플라스틱	Microplastic
미혼	Single

ㅂ

어휘(KOR)	어휘(ENG)
바람개비	Pinwheel
바보	Fool
박수를 치다	To clap
반려 식물	Pet plant
반말	Informal speech
반성하다	To reflect
반응	Reaction
발끝	Tiptoes
발생하다	To occur

어휘(KOR)	어휘(ENG)
밤새	All night
밤새우다	To stay up all night
방송	Broadcast
배려심	Consideration
배변 봉투	Poop bag
배우자	Spouse
버려지다	To be dumped
버릇을 고치다	To break bad habits
법	Law
법원	Court
베개	Pillow
변명하다	To make excuses
변호사	Lawyer
별명	Nickname
병들다	To be ailing
부상을 입다	To get injured
부장	Director
부채	folding fan
북쪽	North
분명히	Clearly
분석하다	To analyze
분야	Field
불과하다	To be only
불균형	Imbalance
불리다	To be called
불만족	Dissatisfaction
붉다	To be red
붉은색	Red
블라우스	Blouse
비만	Obesity
비타민	Vitamin
빙하	Glacier
빼다	To remove
빼빼로	Pepero
뿌리	Root

ㅅ

어휘(KOR)	어휘(ENG)
사랑에 빠지다	To fall in love
사랑이 식다	To fall out of love
사무직	Office job
사원	Staff member
사위	Son-in-law
사회생활	Social life
산꼭대기	Mountaintop
산불	Wildfire
살이 찌다	To gain weight
삼촌	Father's younger brother, uncle
상견례	Meeting of the bride and the groom families
상관이 있다	To be related
상식	Common sense
상징하다	To symbolize
상처를 받다	To get hurt
새해	New year
색다르다	To be unique
N 생각이 없다	To not feel like N
생강차	Ginger tea
생산직	Production job
생활 습관	Lifestyle habits
샴푸	Shampoo
서비스직	Service job
서투르다	To be clumsy
선생	Scholar/Master
선을 보다	To go on a blind date for marriage
설마	No way
설문조사	Survey
성	Last name
성과를 올리다	To achieve results
세 살 버릇 여든까지 간다	Old habits die hard
세계	World
소감	Award Speech
소리를 지르다	To shout
소비	Consumption
손금	The lines of the palm
손바닥	Palm
손에 넣다	To get
수면	Sleep
수준	Level
수질 오염	Water pollution
수출	Export
숙모	uncle's wife
스승의 날	Teachers' Day
스승의 은혜	The grace of a teacher
스트레칭을 하다	To stretch
스포츠	Sports
습관을 기르다	To develop habits
승진하다	To get promoted

어휘(KOR)	어휘(ENG)
시간을 아끼다	To save time
시아버지	Father-in-law (wife's side)
시어머니	Mother-in-law (wife's side)
식구	Family member
식문화	Food culture
식습관	Eating habits
신경이 쓰이다	To be bothered
신혼	Newlywed couple
실례	Rudeness
실수로	By mistake
실수를 저지르다	To make a mistake
실수와 오해	Mistakes and Misunderstandings
실습	Internship
실제로	In reality
심장	Heart
싱싱하다	To be fresh
썩다	To rot
쑥	Mugwort
씨앗을 심다	To plant seeds
씹다	To chew

ㅇ

어휘(KOR)	어휘(ENG)
아내	
아들	Son
아메리카 대륙	American continent
아빠	Dad
악취	Stench
안정적이다	To be stable
안타깝다	To be unfortunate
알아주다	To be acknowledged
앓다	To suffer from
애인	Lover
애칭	Pet name
야식을 먹다	To eat late-night snacks
양팔	Both arms
얘	(informal way) This person
어깨가 무겁다	To feel burdened
어느 정도	To some extent
어린이날	Children's Day
어버이날	Parents' Day
언젠가	Someday
얼다	To freeze
엄마	Mom
에너지 낭비	Energy waste
연기	Smoke
연애	Romance
연예인	Celebrity
연인	Lover
영양제	Nutritional supplements
영업직	Sales job
영향을 미치다	To affect
옆집	Next door
예방하다	To prevent
오늘날	Nowadays
오랜	Longtime
오랫동안	For a long time
오염	Pollution
오염되다	To be polluted
오피스텔	Studio apartment
오해가 생기다	To have a misunderstanding
오해를 풀다	To resolve a misunderstanding
오히려	Even
온몸	Whole body
올라오다	To come up
와인	Wine
완전히	Completely
왕자	Prince
외삼촌	Mother's brother, uncle
외숙모	uncle's wife
외출하다	To go out
외할머니	Maternal grandmother
외할아버지	Maternal grandfather
요구하다	To demand
용서를 빌다	To ask for forgiveness
우연히	By chance
우울증	Depression
우울하다	To be depressed
운명을 믿다	To believe in destiny
(고양이가) 울다	To meow
웃기다	To be funny
원인	Cause
웨딩 촬영	Wedding photoshoot
위로	Comfort
유지하다	To maintain
은	Silver
음주 운전	Drunk driving
응답하다	To respond

어휘(KOR)	어휘(ENG)
의견	Opinion
의식을 행하다	To hold a ceremony
의심하다	To suspect
의욕	Desire
의지하다	To rely on
이내	Within
이모	Mother's sister, aunt
이모부	aunt's husband
이별하다	To break up
이상 기후	Abnormal weather
이익	Profit
이혼	Divorce
익히다	To boil
인간	Human
인도	India
인상	Impression
인식	Awareness
인연을 맺다	To tie the knot
일기장	Diary
일반 사무직	Office staff
일부러	On purpose
일손	Workforce
일을 망치다	To mess up
일을 보다	To go to the bathroom (informal)
일정하다	To be fixed
일회용	Disposable
일회용품	Disposable products
입장	Stance
잇다	To follow/connect
잎	Leaf

ㅈ

어휘(KOR)	어휘(ENG)
자기	Darling
자랑스럽다	To be proud
자랑하다	To boast
자세가 바르다	To have good posture
자원 낭비	Resource waste
자취하다	To live alone
작가	Author
잔소리하다	To nag
잘 살다	To live well
잠들다	To fall asleep
잠버릇이 있다	To have sleep habits
잡아당기다	To pull
장모님	Mother-in-law (husband's side)
장사	Business
장수	Vendor
장인어른	Father-in-law (husband's side)
재능	Talent
저축	Savings
적극적이다	To be proactive
전문직	Professional job
전체적	Overall
전화기	Telephone
절반	Half
정리정돈을 하다	To stay organized
정부	Government
정원	Garden
정책	Policy
젖다	To get wet
제대로	Properly
제때	On time
제사	Ancestral rite
조깅	Jogging
조르다	To beg
존재하다	To exist
종종	Sometimes
주임	Assistant manager
줄기	Stem
중간고사	Midterm exam
쥐	Mouse
지구 온난화	Global warming
지나치다	To pass by
지식	Knowledge
지역	Region
지저분하다	To be messy
지정되다	To be designated
지치다	To be exhausted
직급	Job title
직업	Job
직업 종류	Types of jobs
직장 내 호칭	Job titles
직장 생활	Work life
진출하다	To advance into
질	Quality
집세	House rent
(개가) 짖다	To bark

어휘(KOR)	어휘(ENG)
짜장면	Black bean noodles
짜증이 나다	To be annoyed

ㅊ

어휘(KOR)	어휘(ENG)
차다	To be full
차다	To be cold
차려입다	To dress up
차장	Senior manager
차지하다	To account for
착각하다	To be mistaken
찬반 토론	Debate
참여하다	To participate
창피하다	To be embarrassed
채우다	To fill
책임감	Sense of responsibility
책임을 묻다	To hold accountable
책임지다	To take responsibility
척	The counter for ships
첫눈에 반하다	To fall in love at first sight
청혼하다	To propose
쳐다보다	To look at
최선을 다하다	To do one's best
최초	First
축의금	Congratulatory money
친환경	Eco-friendly

ㅋ

어휘(KOR)	어휘(ENG)
코피	Nosebleed
큰아빠	father's older brother, uncle
큰엄마	uncle's wife

ㅌ

어휘(KOR)	어휘(ENG)
탐험	Exploration
태극기/카네이션을 달다	To hang the Korean flag/wear a carnation
태풍	Typhoon
토양 오염	Soil pollution
특별히	Especially
특성	Characteristic

ㅍ

어휘(KOR)	어휘(ENG)
팔/다리를 펴다	To stretch arms/legs
포근하다	To be cozy
폭설	Heavy snow
푸르다	To be blue/green
프러포즈하다	To propose
플로리다	Florida
피로	Fatigue

ㅎ

어휘(KOR)	어휘(ENG)
학습하다	To study
한국의 기념일	Korean national and cultural observances
한글날	Hangul Day
한꺼번에	All at once
한눈을 팔다	To have one's eyes wander (from a lover)
한숨을 쉬다	To sigh
한입	One bite
한잔하다	To have a drink
한편	Meanwhile
할 일을 미루다	To put off/procrastinate
할머니	Grandmother
할아버지	Grandfather
함부로	Carelessly
합치다	To combine
해	Harm
향기	Scent
허리를 굽히다	To bend back
(물고기가) 헤엄치다	To swim
헷갈리다	To be confused
혀	Tongue
현대	Modern
현대인	Modern person
현대적인	Modern
현상	Phenomenon
현실적	To be realistic
호칭	Form of address
호흡하다	To breathe
혼이 나다	To get scolded
홍수	Flood
화분	Flower pot

화해하다	To reconcile
환경 문제	Environmental issues
환경 보호	Environmental protection
환경 오염	Environmental pollution
활용하다	To make use of
회사에서 잘리다	To get fired
효과	Effect
흐르다	To flow
흔하다	To be common
흡수되다	To be absorbed
흥미	Interest